Meninas no Espectro

Dra. Tatiana Escobar

2ª Edição - Revista e Ampliada

Março de 2024

Dados Internacionais de Catalogação na Publicação (CIP)
(Câmara Brasileira do Livro, SP, Brasil)

Escobar, Tatiana
    Meninas no espectro / Tatiana Escobar. --
2. ed. -- Rio do Sul, SC : Avita Treinamentos e
Consultoria,
2024.

    ISBN 978-65-982976-0-2

    1. Autismo 2. Autistas - Desenvolvimento
3. Crianças autistas - Desenvolvimento 4. Crianças
autistas - Educação 5. Mulheres - Saúde I. Título.

                                    CDD-616.8982
24-197207   NLM-WM-203

Índices para catálogo sistemático:

    1. Autismo : Medicina : Obras de divulgação
        616.8982

Aline Graziele Benitez - Bibliotecária - CRB-1/3129

Para Isabela Escobar, minha menina no espectro.

Sumário

Caro Leitor!

Bicho do mato, esquisita, estranha, antipática, sem noção. Esses são alguns dos adjetivos que meninas com TEA convivem ao longo de suas vidas. Uma série de comportamentos mal compreendidos pela sociedade e uma cobrança constante para agirem como pessoas "normais".

A pressão para se encaixar em padrões sociais é imensa, especialmente quando se trata de meninas no espectro do autismo. Elas muitas vezes enfrentam uma dupla discriminação, tanto por serem mulheres quanto por serem neurodivergentes. Desde cedo, são bombardeadas com expectativas sociais que simplesmente não se alinham com suas maneiras naturais de ser e interagir com o mundo.

Essas meninas podem se sentir como estranhas em um mundo que não foi feito para entender suas peculiaridades. Elas podem se esforçar para mascarar seus traços autísticos, tentando se ajustar a um molde que lhes é imposto, mas isso frequentemente vem com um custo alto para sua saúde mental e bem-estar.

A falta de compreensão sobre o autismo em mulheres muitas vezes resulta em diagnósticos tardios ou até mesmo na falta de diagnóstico.

Isso significa que elas podem passar anos lutando contra desafios sem entender por que se sentem tão diferentes ou por que certas situações são tão difíceis para elas.

Em um movimento para colaborar com a disseminação do conhecimento sobre as particularidades do TEA em meninas, é que este livro foi escrito. Nele, explorei diversas facetas do Espectro nesta população, buscando trazer à tona aspectos muitas vezes negligenciados, contudo essenciais para uma compreensão mais completa do Transtorno. Entretanto, é crucial reconhecer que este livro tem seus próprios limites. A complexidade das experiências individuais no Espectro é vasta e, apesar de meus esforços, não há como capturar integralmente todas as particularidades. A individualidade de cada autista é um lembrete constante de que nosso entendimento está sempre em evolução.

Além disso, é importante salientar que, embora este trabalho seja respaldado por conhecimento científico, não segui as normas acadêmicas estritas, como as da ABNT, APA ou qualquer outra neste sentido. Aqui, o objetivo é oferecer uma leitura acessível e envolvente, priorizando a compreensão do público em geral e, ao final, deixar algumas referências aos mais adeptos à literatura acadêmica.

Quanto ao uso de terminologia, reconheço plenamente que a expressão mais aceita é "Transtorno do Espectro do Autismo" ou "pessoa no/com Transtorno do Espectro do Autismo" e até mesmo "pessoa com autismo". No entanto, tomei a liberdade de utilizar expressões diferentes ao longo do livro, visando a fluidez da escrita e a conexão mais direta com o leitor. A intenção é criar uma leitura acessível sem perder de vista o respeito e a sensibilidade inerentes ao tema abordado.

Agradeço desde já pela leitura. Que este livro possa contribuir para uma compreensão mais profunda e empática das experiências das meninas no espectro do autismo, incentivando a reflexão e ações que promovam uma sociedade mais inclusiva e solidária.

Com apreço,
Tatiana Escobar, mãe atípica, mulher neurodivergente e autora do livro "Meninas no Espectro"

O Que é o Transtorno do Espectro do Autismo?

Características e Critérios para Identificação

De acordo com a Organização Mundial da Saúde, o Transtorno do Espectro do Autismo (TEA) é uma condição complexa e diversa dentro do neurodesenvolvimento, que atinge cerca de 1% da população. Ele influencia de maneira contínua a percepção, a interação e a comunicação dos indivíduos com o ambiente ao seu redor.

O Manual Diagnóstico e Estatístico de Transtornos Mentais vigente (DSM-5 TR, 2022) classifica os sintomas do TEA em duas categorias principais: dificuldades na comunicação e interação social e interesses e comportamentos restritos e repetitivos.

As dificuldades do primeiro grupo incluem desafios no desenvolvimento, manutenção e entendimento de relacionamentos, na reciprocidade socioemocional e nos comportamentos de comunicação não verbal empregados em interações sociais. Essas dificuldades se apresentam de forma diversa e com níveis variados de severidade. Por exemplo, ao nível da comunicação, pessoas com TEA podem enfrentar obstáculos em criar e manter relações interpessoais, alguns identificados já na infância, tais como fazer amizades, participar de brincadeiras imaginativas e dividir interesses com colegas.

Os indivíduos com Transtorno do Espectro Autista podem apresentar uma gama variável de características na comunicação verbal. Isso pode incluir um desenvolvimento atrasado nas habilidades linguísticas ou a utilização de repetição de falas - conhecida como ecolalia - bem como um timbre ou entonação de voz que pode ser considerado fora do comum, o que pode afetar a habilidade de comunicar-se efetivamente.

Na expressão verbal de seus pensamentos e emoções, pessoas com TEA muitas vezes se comunicam de maneira direta, clara e sem sentido figurado, geralmente apresentando dificuldades para entender metáforas, sarcasmo ou expressões idiomáticas que não correspondem ao significado literal das palavras.

A segunda categoria de sintomas no Transtorno do Espectro Autista relaciona-se a interesses e comportamentos restritos e repetitivos. Esses podem variar desde simples gestos corporais recorrentes, como balançar-se ou alinhar pequenos objetos, até elaborados rituais diários que o indivíduo executa de forma rígida.

As estereotipias, entendidas como comportamentos repetitivos, padronizados e invariáveis, são características em indivíduos com TEA. Esses padrões de comportamento podem incluir movimentos físicos repetitivos, vocalizações, bem como a manipulação obsessiva de objetos.

Esses comportamentos são muitas vezes chamados de "comportamentos de autoestímulo" ou *stimming*, e embora possam parecer estranhos àqueles que observam de fora, eles servem a diversas funções importantes para as pessoas com TEA. As estereotipias podem fornecer conforto e regulação em situações de estresse ou ansiedade, ajudando o sujeito a lidar com o excesso de estímulos sensoriais ou com mudanças no ambiente. Para muitos indivíduos no espectro, esses comportamentos podem ser calmantes e oferecer uma forma de alívio da tensão ou desorientação sensorial.

Os tipos de estereotipias podem variar amplamente. Alguns exemplos comuns incluem balançar para frente e para trás, bater as mãos, girar, alinhar objetos de maneira específica e repetitiva, tocar superfícies ou passar os dedos sobre texturas. Em termos vocais, as estereotipias podem envolver a repetição de palavras ou frases (ecolalia), sons ou até mesmo murmúrios.

Não raro, esses comportamentos são percebidos como disruptivos ou antissociais, especialmente em ambientes que valorizam a conformidade e a previsibilidade, como escolas ou locais de trabalho. Isso pode levar a tentativas de suprimir as estereotipias, o que pode ser psicologicamente perturbador para pessoas com autismo, pois esses comportamentos são uma parte intrínseca de como elas interagem com o mundo.

Outra característica comum dentro do espectro é a dedicação intensa a interesses específicos, que podem mudar ao longo do tempo. A variedade desses interesses especializados é ampla e diversa, indo muito além do escopo dos passatempos típicos. Por exemplo, enquanto muitas crianças podem ter uma fase de fascínio por dinossauros ou por uma certa figura histórica ou celebridade, crianças com TEA podem desenvolver um conhecimento profundo e minucioso sobre esses temas, memorizando nomes científicos, datas históricas, estatísticas e biografias com detalhes impressionantes.

Todavia, alguns interesses podem ser considerados incomuns ou atípicos, focando-se em objetos ou temas que a maioria das pessoas consideraria de pouco interesse geral. Um indivíduo no espectro autista pode colecionar e saber tudo sobre tipos de aspiradores de pó, por exemplo, ou ter uma fascinação por ventiladores e sua mecânica, sendo capaz de passar horas observando-os girar ou estudando seus componentes e funcionamento.

Essas paixões especializadas não são apenas demonstrações de foco e concentração, mas também são funcionalmente importantes para a pessoa com TEA. Elas podem proporcionar conforto e segurança, servir como uma ferramenta para estruturar interações sociais em torno de um tema familiar, ou até mesmo serem o ponto de partida para uma carreira ou estudo acadêmico futuros. Entretanto, é fundamental ressaltar que nem todo interesse manifestado apresenta, necessariamente, relevância acadêmica ou social. A diversidade dentro do espectro também resulta em variações nas capacidades cognitivas e intelectuais dos indivíduos, podendo ocorrer situações em que o autista não tenha condições cognitivas para aprofundar-se em informações relacionadas ao seu interesse restrito.

No TEA, a dedicação a interesses altamente restritos ou fixos em intensidade também pode se manifestar pelo forte apego e preocupação por algum objeto, como um brinquedo, uma pedra ou até mesmo um pedaço de papel específico. A ausência do item querido pode desencadear crises significativas de ansiedade ou até mesmo resultar em comportamentos disruptivos. Por vezes, o impacto é tão profundo que o indivíduo pode passar noites sem dormir e negligenciar sua alimentação, evidenciando o severo prejuízo causado pela falta daquele objeto.

A insistência nas mesmas coisas e a adesão inflexível a padrões e rotinas ritualizadas são características proeminentes no Espectro. Esta característica pode se manifestar na necessidade de seguir precisamente a mesma sequência de passos ao se vestir todas as manhãs, nos padrões de fala e até mesmo na execução de ações determinadas, como, por exemplo, a organização diária e metódica de um guarda-roupa. Qualquer desvio desse padrão preestabelecido pode causar profundo mal-estar, pois realizar as mesmas atividades diariamente, proporciona uma sensação de controle e familiaridade às pessoas com TEA que, por sua vez, contribuem para sua estabilidade emocional.

Além destes conjuntos de sintomas, é comum que os indivíduos no espectro manifestem ainda sensibilidades sensoriais alteradas, podendo apresentar hipersensibilidade ou hipossensibilidade a estímulos como sons, luzes, cheiros ou texturas. Essas variações sensoriais não são percebidas da mesma forma por pessoas neurotípicas e têm um impacto direto nas interações do indivíduo com o ambiente.

Para entender um pouco mais, vale ressaltar que a hipossensibilidade sensorial no Transtorno do Espectro Autista é uma condição em que a pessoa apresenta uma resposta diminuída aos estímulos do ambiente. Esse fenômeno significa que esses indivíduos podem não reagir tão intensamente quanto o esperado aos estímulos sensoriais, como sons, luzes, sabores, texturas ou toques. Em alguns casos, eles podem não perceber certos estímulos que outras pessoas achariam óbvios ou difíceis de ignorar.

Por exemplo, uma criança com TEA e hipossensibilidade pode não reagir à dor de maneira típica, como não chorar quando se machuca ou não retirar a mão rapidamente de uma superfície quente. Em ambientes barulhentos ou visualmente caóticos, onde outras crianças poderiam se sentir incomodadas, uma criança com hipossensibilidade pode parecer excepcionalmente tranquila ou desatenta.

Por sua vez, a hipersensibilidade sensorial corresponde a uma experiência sensorial intensificada, indivíduos com esta condição podem perceber o mundo ao seu redor de maneira mais aguçada do que outras pessoas. Sons que parecem moderados para a maioria, como o zumbido de uma lâmpada fluorescente ou o burburinho de uma sala de aula, podem ser sentidos como ensurdecedores ou até dolorosos. Da mesma forma, luzes brilhantes ou piscantes, que para outros são apenas incômodas, para os hipersensíveis podem ser intoleráveis e levar até mesmo a um colapso emocional.

O toque é outra área onde a hipersensibilidade pode ser evidente. Etiquetas de roupas, costuras nas meias ou mesmo um abraço gentil podem ser percebidos como intrusivos e muito desconfortáveis.

Além disso, pessoas com essa sensibilidade ampliada podem ser extremamente seletivas em relação à alimentação, rejeitando comidas com base na textura ou na temperatura, o que é mais do que simples preferência pessoal. Dificuldades para escovar os dentes, cortar o cabelo e até mesmo tomar banho podem ser explicadas por esta resposta intensa aos estímulos sensoriais.

É relevante observar que as alterações sensoriais não se limitam aos sentidos tradicionais de visão, audição, tato, gosto e olfato; elas também podem incluir a percepção do próprio corpo no espaço (propriocepção) e o equilíbrio (vestibular). No sistema proprioceptivo, por exemplo, o indivíduo pode ter dificuldade em controlar a própria força, usando-a em excesso para fechar uma porta ou segurar um lápis ao escrever, o que também pode aumentar o risco de acidentes devido à falta de percepção precisa do corpo em relação ao ambiente. Em relação ao sistema vestibular, é possível que ocorram náuseas ou desorientação ao realizar movimentos que outros considerariam comuns, como andar em um balanço ou descer escadas. Alterações nesse sentido também explicam, em certa medida, por que alguns autistas conseguem girar em torno do próprio eixo por um longo tempo sem ficar tontos.

Um ponto adicional a ser destacado é que a hipersensibilidade e a hipossensibilidade não são mutuamente exclusivas. Isso significa que um mesmo indivíduo pode apresentar ambas as formas de alteração sensorial. De toda forma, essa alteração impacta diretamente a capacidade de uma pessoa participar de atividades cotidianas e interações sociais. Quando não compreendida ou acomodada, pode levar a respostas de estresse e comportamentos de fuga ou luta, que são frequentemente mal interpretados.

Ainda em relação aos critérios para identificação do autismo, o DSM-5 ressalta que os sintomas devem manifestar-se precocemente durante o período de desenvolvimento. No entanto, é importante observar que esses sinais podem não se tornar completamente evidentes até que haja uma demanda social para a demonstração dessas habilidades, ou ainda podem ser disfarçados por estratégias de aprendizado adquiridas ao longo da vida.

O Manual também destaca que tais sintomas devem resultar em prejuízos significativos no funcionamento social, profissional, pessoal ou em outras áreas essenciais da vida da pessoa com TEA. Além disso, é fundamental que esses sintomas não possam ser totalmente explicados por deficiência cognitiva e intelectual ou pelo atraso global do desenvolvimento.

Níveis de Suporte, *Meltdown* e *Shutdown*.

Atualmente, o DSM-5 TR (2022) classifica o Transtorno do Espectro do Autismo em três níveis de suporte, com base na necessidade de ajuda requerida.

No nível 1 do TEA, o indivíduo requer apoio pouco substancial. Apesar de geralmente ter a linguagem funcional preservada, frequentemente apresenta dificuldade em iniciar conversas ou demonstrar interesse pelos outros. É comum que autistas neste nível forneçam respostas atípicas ou desconectadas do tópico em discussão, podendo até mesmo interromper a resposta. Além disso, suas interações sociais podem ser bastante reduzidas, dificultando a iniciativa para estabelecer contatos, especialmente ao tentar fazer amizades. Faz parte de seu cotidiano enfrentar desafios na compreensão, manutenção e/ou aderência às normas sociais, demonstrando alguns comportamentos inflexíveis e experimentando estresse durante transições. Necessita de alguma assistência para lidar com tarefas novas ou desconhecidas, e pode apresentar respostas atípicas a estímulos sensoriais e sociais.

Apesar dessa necessidade de suporte ser considerada menor em comparação com níveis mais elevados, é preciso evitar o uso da expressão "autismo leve". Isso se deve ao fato de que os desafios enfrentados por indivíduos neste nível não devem ser minimizados. Utilizar a expressão "autismo leve" pode gerar interpretações equivocadas, como a ideia de que um esforço adicional por parte da pessoa poderia equipará-la ao desempenho de um indivíduo típico. Tal percepção inadequada também poderia levar à conclusão errônea de que não são necessárias políticas públicas de apoio para aqueles que se encontram neste nível. É importante reconhecer que as necessidades variam amplamente dentro do Espectro, e a complexidade das dificuldades enfrentadas no nível 1 não as torna menos significativas.

No nível 2 de suporte, pessoas com autismo enfrentam desafios significativos em termos de comunicação e interação social. Elas podem ter dificuldade em participar de conversas, entender gestos sociais ou lidar com a complexidade das relações interpessoais. Às vezes, são pessoas que não permanecem muito

tempo em contato com outras, se retirando da sala
quando chega uma visita, por exemplo, ou ainda não
apresentam repertório para uma conversa mais alon-
gada.

A adaptabilidade é outra área desafiadora; rotinas
e ambientes familiares são muito importantes para
elas. Imagine a situação em que uma pessoa com TEA
nível 2 está acostumada a sentar sempre na mesma
cadeira na hora do jantar. Se outro membro da família se sentar nessa cadeira sem aviso prévio, isso
pode causar uma reação intensamente negativa. Reações extremas também podem ocorrer quando há
alguma imprevisibilidade na escola, como substitui-
ção de professor, ou até mesmo quando o cardápio
do almoço não condiz com o que ela previamente es-
perava.

Comportamentos repetitivos e interesses restritos também são aspectos marcantes, que podem se
apresentar como uma necessidade de alinhar objetos
de uma maneira específica ou uma insistência em
conversar apenas sobre um interesse particular,
como trens ou planetas, mesmo quando o contexto
social demanda outros temas. Esse foco limitado
pode dificultar a interação em atividades grupais,
contribuindo para um maior isolamento social desses

sujeitos.

No nível 3, a necessidade de suporte é tida como muito substancial, sendo essencial para o indivíduo executar efetivamente as tarefas diárias. A comunicação verbal pode ser muito limitada, o que pode requerer métodos específicos de apoio, como o uso da comunicação alternativa ou suplementar. As interações sociais são significativamente afetadas, e os comportamentos repetitivos e restritivos podem ser muito proeminentes, podendo interferir nas atividades diárias e na participação em vários contextos. Muitas vezes, comportamentos de autoestimulação são observados em maior intensidade e, em algumas situações, podem ocorrer de forma que coloque a integridade física do indivíduo em risco, como bater no próprio rosto, bater a cabeça em alguma superfície dura ou, até mesmo, mordendo uma parte determinada do próprio corpo.

Pessoas com Transtorno do Espectro Autista podem apresentar crises em qualquer nível do espectro, o que reflete a grande variabilidade e individualidade do transtorno. As crises que ocorrem são frequentemente chamadas de *"Shutdown"* e *"Meltdown"*.

Um *shutdown* acontece quando a pessoa com TEA se sente sobrecarregada sensorial ou emocionalmente e acaba se retraindo para dentro de si mesma. Este é um mecanismo de defesa para lidar com a sobrecarga, resultando em um estado de retraimento, onde a pessoa pode parar de responder ao ambiente, apresentar uma diminuição na interação social ou até mesmo em responder a estímulos externos.

Meltdown, por outro lado, é uma reação intensa a uma sobrecarga que se manifesta externamente. As pessoas podem experimentar comportamentos agressivos ou reações emocionais extremas. Diferente do *Shutdown*, onde há um retraimento, o *Meltdown* é uma explosão de emoções e comportamentos que é visível e muitas vezes perturbador tanto para a pessoa com TEA quanto para aqueles ao seu redor.

As crises são geralmente desencadeadas por um acúmulo de estresse ou sobrecarga sensorial. Pessoas no expectro do autismo muitas vezes têm dificuldades com a regulação sensorial e podem ser extremamente sensíveis a estímulos como luzes brilhantes, sons altos ou grandes multidões, por exemplo.

Quando o cérebro recebe mais informações sensoriais do que pode processar adequadamente, isso pode levar a uma sensação de sobrecarga.

No cérebro de uma pessoa autista durante uma crise, há uma atividade neural intensa que pode ser atribuída a vários fatores, incluindo a luta para processar estímulos sensoriais, dificuldades de comunicação e interações sociais desafiadoras. A sobrecarga sensorial ou emocional pode fazer com que o cérebro entre em uma espécie de *curto-circuito*, tornando-se temporariamente incapaz de processar as informações de forma eficaz e resultando em um *"shutdown"* ou *"meltdown"*.

O que é importante entender é que cada pessoa com TEA é única, assim como suas respostas a estímulos e suas maneiras de lidar com eles. As crises não são atos de birra ou mau comportamento, mas sim manifestações de uma sobrecarga que a pessoa está enfrentando e, muitas vezes, lutando para controlar. Abordagens de compreensão e apoio podem ajudar a gerenciar essas crises e minimizar a sobrecarga.

Causas

Atualmente, a comunidade científica reconhece que o autismo resulta de uma interação complexa entre fatores genéticos, epigenéticos[1] e neurobiológi-

---

[1]Ao contrário das mudanças genéticas, que alteram a sequência de DNA, as mudanças epigenéticas são ajustes que podem ativar ou desativar genes sem modificar o DNA em si. Pode-

cos.

Apesar de suas causas ainda não estarem completamente esclarecidas, não existe evidência científica conclusiva que estabeleça um vínculo causal entre o TEA e uma série de fatores frequentemente discutidos no debate público.

Um dos debates mais persistentes e perigosos refere-se à vacina como causa do autismo, especialmente a tríplice viral (que protege contra sarampo, caxumba e rubéola). Essa preocupação inicialmente ganhou destaque em um estudo de 1998, que foi posteriormente retratado e desacreditado devido a graves erros metodológicos e conflitos de interesse. Pesquisas subsequentes, envolvendo milhares de crianças ao redor do mundo, não encontraram nenhuma ligação entre vacinas e Transtorno do Espectro Autista (Donvan et al., 2017; Taylor et. al., 2014, Uno, 2015). Neste contexto, é de suma importância destacar que as vacinas não são apenas

---

mos imaginar o DNA como um livro de receitas, onde uma mudança epigenética seria como marcar certas receitas com *post--its*, indicando ao corpo para "ler" ou "ignorar" essas instruções. Essas mudanças podem ocorrer por fatores como dieta, estresse e exposição a toxinas, não alterando o "texto do livro" (o código de DNA), mas podendo afetar quais receitas são feitas e com que frequência, potencialmente influenciando nossa saúde e sendo transmitidas para as próximas gerações.

seguras; elas também desempenham um papel fundamental na prevenção de doenças graves, contribuindo para o aumento da expectativa de vida e a significativa redução da mortalidade infantil (Dias, 2020). O medo de que alguma vacina cause autismo, além de infundado, é extremamente perigoso para qualquer criança.

Além das vacinas, é importante ressaltar que não há estudos científicos que estabeleçam uma ligação direta entre o consumo de alimentos industrializados e o desenvolvimento do Transtorno do Espectro Autista (TEA). Os alertas estão mais relacionados aos efeitos conhecidos de dietas pouco saudáveis, como obesidade, diabetes e doenças cardíacas. Da mesma forma, já está compreendido que o uso excessivo de dispositivos eletrônicos não causa autismo, ainda que o tempo excessivo de tela traga prejuízos ao desenvolvimento infantil, incluindo problemas de sono, dificuldades de atenção e habilidades sociais prejudicadas.

Atualmente, é claro que os fatores genéticos desempenham um papel significativo no desenvolvimento do TEA, com uma herdabilidade estimada em aproximadamente 50%. Nesse contexto, observa-se que um irmão de uma criança com autismo tem uma probabilidade 10 vezes maior de receber o mesmo diagnóstico em comparação com um irmão de uma criança sem o transtorno, e essa probabilidade aumenta para 150 vezes no caso de gêmeos monozigóticos (Taylor et al., 2014; Zanola, 2015).

É importante ainda destacar que diversas síndromes genéticas, como a Síndrome do X Frágil e a Síndrome de Rett, estão frequentemente associadas ao autismo. O TEA frequentemente ocorre em conjunto com outras condições que envolvem alterações cromossômicas, mutações genéticas e síndromes de causa indeterminada. Estima-se que entre 10 a 30% dos indivíduos com essas síndromes possam também ser diagnosticados com autismo (Zanolla et al., 2015).

Ao abordar as causas do Transtorno do Espectro Autista, destaca-se que as intercorrências gestacionais podem desempenhar um papel relevante nas probabilidades do desenvolvimento do transtorno (Zanolla et al., 2015; Sandin et al., 2014; Hodges et al., 2020).

Intercorrências gestacionais referem-se a eventos ou condições não planejados que ocorrem durante a gravidez, variando de leves a graves e afetando tanto a saúde da mãe quanto a do feto. Dentre essas intercorrências, incluem-se infecções que a mãe pode contrair durante o período gestacional. Evidências recentes indicam que infecções virais e bacterianas durante a gravidez estão associadas a um aumento na probabilidade do desenvolvimento do autismo no feto. Acredita-se que a resposta imune materna a essas infecções, particularmente a liberação de citocinas[2] e outros mediadores inflamatórios, possa influenciar o desenvolvimento do cérebro do bebê (Zanolla et al., 2015).

Outro ponto de preocupação é o estresse psicológico materno, que pode influenciar o sistema endócrino e, por consequência, o desenvolvimento fetal. O aumento dos níveis de hormônios relacionados ao estresse, como o cortisol, pode atravessar a placenta e afetar o cérebro do feto em desenvolvimento. Altos níveis de estresse materno, especialmente quando crônico ou severo, estão associados a um risco aumentado de diversas condições neurológicas e psiquiátricas, incluindo o TEA.

Além disso, condições gestacionais como diabetes gestacional, hipertensão e obesidade materna também foram estudadas por suas possíveis ligações com

---

[2]De acordo com o Dicionário Oxford, citocina é designação genérica de certas substâncias segregadas por células do sistema imunitário que controlam a imunorreação do organismo.

o autismo. Um ambiente uterino alterado causado por essas condições pode afetar o desenvolvimento neurológico da criança (Zanolla et al., 2015).

Deve ser enfatizado que, embora existam associações entre algumas intercorrências gestacionais e o aumento na probabilidade de autismo, esses fatores por si só não determinam se uma criança desenvolverá o Transtorno do Espectro Autista (TEA). A identificação dos processos biológicos específicos que levam ao TEA e como eles interagem com fatores ambientais ainda é uma área de intensa investigação científica.

Comorbidades

Muitas vezes, o TEA não ocorre isoladamente; pelo contrário, geralmente ele é acompanhado por uma variedade de outras condições de saúde, cada uma contribuindo para um quadro clínico multifacetado e diversificado que requer uma avaliação cuidadosa e uma abordagem terapêutica personalizada. Chamamos de "comorbidades" a essas condições secundárias.

As comorbidades associadas ao TEA podem ser de natureza psicológica, neurológica ou física, e cada uma impacta o indivíduo de maneiras diferentes.

Elas podem agravar as dificuldades de comunicação e interação social já presentes no Transtorno e introduzir novos desafios na vida diária, afetando não apenas a pessoa com autismo, mas também sua família e cuidadores.

Ansiedade

No contexto das comorbidades psicológicas associadas ao Espectro, a ansiedade é uma presença significativa. As manifestações dessa emoção em indivíduos com TEA podem ser diversas, impactando diretamente o comportamento e o bem-estar desses sujeitos. Devido às dificuldades inerentes de comunicação e interação social, a ansiedade pode ser intensificada, pois situações rotineiras para outros podem gerar grande estresse para eles.

Essa comorbidade pode surgir em diversas situações, como mudanças de rotina ou a necessidade de processar estímulos sensoriais intensos. Por exemplo, transições simples do cotidiano, como mudar de uma atividade para outra ou enfrentar um ambiente novo e desconhecido, podem desencadear uma resposta ansiosa. Além disso, a interação social, com suas nuances e regras implícitas, pode ser particularmente desafiadora, agravando os sentimentos de ansiedade.

Ela também pode influenciar diretamente comportamentos comuns ao TEA, como interesses restritos e atividades repetitivas. Esses comportamentos podem surgir como forma de autorregulação, uma tentativa de lidar com o estado ansioso e criar uma sensação de previsibilidade e controle em um mundo percebido como caótico e confuso.

Depressão

A depressão é outra comorbidade frequente no Transtorno do Espectro Autista, impactando a qualidade de vida e a saúde mental de muitas pessoas com TEA. Os sintomas depressivos em indivíduos dentro do espectro podem ser influenciados por diversos fatores associados ao próprio transtorno.

Para pessoas com TEA, as dificuldades na comunicação e interação social podem resultar em experiências de isolamento e solidão. A rejeição social ou a percepção da diferença em relação aos pares neurotípicos podem contribuir para o desenvolvimento de sentimentos de tristeza e baixa autoestima. O *bullying*, infelizmente comum para muitos no espectro, pode intensificar esses sentimentos e aumentar o risco de depressão, principalmente durante a adolescência.

As características do autismo, como a rigidez de pensamento e comportamento, e a aversão a mudanças, podem dificultar a adaptação desses indivíduos a circunstâncias de vida alteradas, como perder um emprego ou enfrentar a morte de um ente querido. Essa dificuldade de adaptação e a tendência a perseverar em pensamentos negativos podem elevar o risco de depressão.

Os sentimentos depressivos em pessoas com TEA podem se manifestar de maneira distinta em comparação aos indivíduos neurotípicos, sendo por vezes mal interpretados ou subdiagnosticados devido às sobreposições com os sintomas do próprio autismo. Por exemplo, um aumento nos comportamentos de retraimento ou na dependência de rotinas pode ser erroneamente percebido como sintomas exclusivamente relacionados ao TEA, quando na realidade podem indicar uma depressão subjacente.

TDAH

Dentro do contexto neurológico do TEA, é comum encontrar o Transtorno do Déficit de Atenção e Hiperatividade (TDAH). A sobreposição entre TEA e TDAH pode complicar o diagnóstico médico e o curso do tratamento, uma vez que ambos compartilham certas características, mas também possuem sintomas distintivos que impactam de maneiras diversas o cotidiano dessas pessoas.

Pessoas com TEA e TDAH podem apresentar desafios acentuados na manutenção da atenção, gerenciamento de impulsos e hiperatividade. No contexto do TEA, esses sintomas de TDAH podem intensificar as dificuldades já existentes de interação social, comunicação e flexibilidade cognitiva. Indivíduos com ambas as condições podem ter um tempo ainda mais desafiador na escola ou no ambiente de trabalho, onde as exigências de foco e controle de impulsos são altas.

No cotidiano, um exemplo prático dessa comorbidade pode ser visto na sala de aula, onde o aluno com TEA e TDAH pode lutar para se concentrar nas instruções do professor, podendo ser facilmente distraído por estímulos sensoriais ou movimentos ao seu redor. O mesmo aluno também pode ter dificuldade em esperar a sua vez durante as atividades em grupo, interrompendo outros ou agindo de forma impulsiva, o que pode levar a mal-entendidos ou conflitos sociais.

Ademais, a gestão de tarefas e a organização podem ser particularmente problemáticas, pois ambas

as condições podem afetar a capacidade de planejar
e executar atividades. Isso pode se refletir em desafios como gerir o tempo eficientemente, seguir rotinas e completar tarefas que exigem múltiplos passos
ou uma sequência lógica de ações.

TDI

O Transtorno do Desenvolvimento Intelectual
(TDI), anteriormente conhecido como deficiência
intelectual, é outra condição que pode coexistir
com o Transtorno do Espectro Autista (TEA). A
presença do TDI em indivíduos com TEA pode
influenciar significativamente o perfil de habilidades
e necessidades de suporte de cada pessoa.

Indivíduos com TEA que também apresentam
TDI têm dificuldades adicionais com funções cognitivas, como raciocínio, aprendizado e memória.
Essas dificuldades podem se manifestar em uma
variedade de maneiras e podem afetar a capacidade
do indivíduo de aprender novas habilidades ou compreender informações complexas. Por exemplo, uma
criança com ambas as condições pode levar mais
tempo para adquirir habilidades de linguagem ou
ter dificuldades maiores com conceitos matemáticos
básicos em comparação com seus pares.

Em termos práticos, no dia a dia, a comorbidade de TEA e TDI pode tornar as atividades diárias mais desafiadoras. Tarefas como se vestir de maneira apropriada para o clima, realizar atividades domésticas, ou compreender e seguir regras podem exigir suporte e ensino repetitivo. Em ambientes sociais, esses indivíduos podem ter dificuldades não só com as habilidades sociais afetadas pelo TEA, mas também na compreensão de normas sociais ou nuances da interação, que podem ser mais complexas devido ao TDI.

A combinação de TEA e TDI requer uma avaliação cuidadosa para garantir que ambas as condições sejam adequadamente identificadas e consideradas no planejamento de intervenções. O suporte deve ser personalizado para endereçar tanto as necessidades associadas ao autismo quanto às demandas relacionadas ao desenvolvimento intelectual.

Indivíduos com TEA e TDI concomitantes podem ter dificuldades adicionais com a aprendizagem, com o desenvolvimento de habilidades de vida diária e com o processamento sensorial. É importante destacar que, mesmo dentro deste grupo, existe uma grande variabilidade nas habilidades e necessidades de cada pessoa.

AH/SD

Quando um indivíduo apresenta o Transtorno do Espectro Autista (TEA) associado a Altas Habilidades/Superdotação (AH/SD), eles apresentam características de ambos os perfis: estão no espectro autista e também possuem habilidades ou talentos superiores em uma ou mais áreas. Isso significa que essas pessoas têm um conjunto complexo de características que podem incluir os desafios típicos do autismo – como dificuldades de comunicação social e comportamentos repetitivos – enquanto simultaneamente apresentam desempenho muito acima da média em atividades intelectuais, criativas, artísticas ou outro tipo de habilidade específica. Chamamos esta condição de Dupla Excepcionalidade.

Por exemplo, uma pessoa com TEA e AH/SD pode ter excepcionais habilidades matemáticas ou um talento artístico notável, mas ao mesmo tempo enfrentar desafios significativos com habilidades sociais ou ansiedade. Isso pode tornar a educação e o apoio convencionais inadequados, já que precisam ser adaptados para atender as necessidades de desenvolvimento da pessoa e estimular suas habilidades avançadas sem negligenciar o suporte necessário para suas dificuldades associadas ao autismo.

Condições Físicas

No contexto físico, indivíduos com Transtorno do Espectro Autista podem apresentar um risco aumentado para certas comorbidades em comparação com a população geral. As condições físicas que coexistem com o TEA variam, mas algumas são notavelmente mais prevalentes e podem ter um impacto significativo no bem-estar e na qualidade de vida dessas pessoas.

A presença de distúrbios gastrointestinais, por exemplo, constitui-se em uma comorbidade bem comum nesta população. Problemas como refluxo gastroesofágico, constipação crônica e síndrome do intestino irritável podem ser mais frequentes e podem afetar o comportamento e o conforto devido à dor ou desconforto crônico. Por exemplo, uma criança com TEA pode se tornar mais irritada ou reclusa se estiver enfrentando desconforto abdominal recorrente, o que pode ser mal interpretado como um comportamento relacionado ao Espectro.

A Epilepsia é outra condição frequentemente relatada em associação com o TEA. A incidência de crises epilépticas e distúrbios convulsivos é maior em pessoas com autismo. As convulsões podem variar de leves e difíceis de reconhecer, até episódios mais intensos, requerendo atenção médica imediata. A epilepsia pode afetar adicionalmente o desenvolvimento cognitivo e comportamental, complicando ainda mais o quadro clínico de quem já possui o Transtorno.

Condições do sono também são comorbidades físicas notórias em pessoas com TEA. Problemas como insônia, dificuldade em estabelecer e manter rotinas de sono ou distúrbios do ritmo circadiano são comuns e podem prejudicar sua capacidade de funcionar durante o dia.

A falta de sono adequado pode aumentar a irritabilidade, piorar problemas de foco e hiperatividade, e exacerbar dificuldades de aprendizado e sociais.

Por fim, é de suma importância compreender que a manifestação dos sintomas do autismo está intrinsecamente relacionada ao nível de suporte e às comorbidades associadas. No entanto, é importante ressaltar que as singularidades individuais vão além desses elementos, abrangendo uma gama mais ampla de características e particularidades que moldam a experiência única de cada indivíduo com TEA. No próximo capítulo, dedicaremos nossa análise às singularidades específicas das meninas no espectro, proporcionando um entendimento mais abrangente e detalhado das diversas facetas que influenciam suas vivências.

Singularidades do TEA em Meninas

Ao abordar o Transtorno do Espectro Autista, é essencial reconhecer que, apesar de variações nos sinais diagnósticos do transtorno, como déficits em comunicação social e comportamentos restritos e repetitivos, cada criança ou adolescente com TEA é, em última análise, único. As manifestações do transtorno variam amplamente e são influenciadas por uma complexidade de fatores, incluindo, mas não se limitando ao gênero.

Ainda que o entendimento das possíveis variações entre meninos e meninas com TEA seja importante para uma abordagem mais abrangente e eficaz, nos cabe ressaltar que a individualidade de cada criança ou adolescente com autismo deve ser o cerne de qualquer intervenção ou suporte.

Máscara Social

A "máscara social" refere-se ao conjunto de comportamentos, expressões faciais e modos de interação que uma pessoa utiliza para se enquadrar ou se apresentar de maneira aceitável em diferentes contextos sociais. Trata-se de uma espécie de fachada ou *persona* que as pessoas adotam, muitas vezes de forma inconsciente, para satisfazer as expectativas sociais, esconder sentimentos verdadeiros ou reduzir o desconforto em situações sociais.

A princípio, este conceito não está associado a nenhuma condição específica, pois é algo que quase todos os indivíduos fazem em algum grau. Por exemplo, uma pessoa pode agir de maneira mais formal em um ambiente de trabalho do que quando está em casa com a família, ou pode suprimir certas reações emocionais que são consideradas inadequadas em público.

No contexto do autismo em meninas, a utilização da máscara social pode ser mais evidente. Muitas meninas com TEA podem empregar técnicas de mascaramento, ajustando seus comportamentos para se alinhar às normas sociais e assim ocultar traços que poderiam levar à estigmatização ou mal-entendidos. Esse mascaramento pode ser muito desgastante e pesar emocionalmente, exigindo delas uma vigilância constante e adaptação comportamental a padrões que são intrinsecamente desafiadores.

Este comportamento de imitação pode ser explicado pelo funcionamento dos neurônios-espelho. Geremias et al. (2017) ensinam que os neurônios-espelho são um tipo específico de neurônio que desempenha um papel fundamental tanto na compreensão quanto na replicação de comportamentos observados em outras pessoas. Essas células cerebrais ajudam a explicar as dificuldades enfrentadas por algumas pessoas com TEA na chamada Teoria da Mente, que envolve a habilidade de compreender perspectivas e emoções alheias e contrastá-las com as sua forma de lidar com elas.

Especificamente em meninas com autismo, sugere-se que os neurônios-espelho podem atuar de maneira única, auxiliando no entendimento de informações sociais de forma diferenciada. Isso pode significar que, em vez de intuir automaticamente as intenções e emoções de outras pessoas, elas podem confiar intensamente na capacidade desses neurônios para decodificar atitudes e expressões sociais, tornando-se hábeis em imitar e mascarar traços autísticos com o objetivo de se integrarem socialmente.

Vamos considerar uma situação comum em um ambiente escolar onde as meninas se reúnem e compartilham histórias sobre os seus fins de semana. Uma menina com TEA pode não compreender instintivamente a empolgação de suas colegas sobre uma festa ou um encontro devido a desafios na cognição social. No entanto, observando cuidadosamente suas pares, ela pode notar padrões na linguagem corporal, entonação da voz e expressões faciais que expressam entusiasmo e alegria. Utilizando os neurônios-espelho, ela replica essas expressões, mesmo que não sinta, na mesma intensidade, a emoção correspondente, para se adequar ao grupo.

Essa habilidade de observar e emular comportamentos não é apenas uma imitação superficial, é uma maneira ativa de processar e participar de interações sociais. Ela permite que a menina com TEA se conecte com seus pares e participe da conversa de uma forma socialmente aceitável, ainda que possa não vivenciar a troca da mesma maneira que suas colegas neurotípicas.

A adoção de comportamentos típicos através da imitação também possibilita a meninas no espectro autista se adaptarem e passarem despercebidas em ambientes sociais. Contudo, essa constante autovigilância e esforço cognitivo podem levar a exaustão, aumentando o risco de problemas como ansiedade e depressão. Além disso, a necessidade de manter a máscara social para cumprir as expectativas sociais convencionais pode provocar sobrecarga sensorial, já que exige um esforço considerável para interpretar corretamente e responder aos estímulos sociais (Lui et al., 2016).

A longo prazo, o mascaramento também impacta a formação e a manutenção de relações autênticas, visto que a verdadeira identidade da pessoa pode permanecer oculta. Neste sentido, o mascaramento contribui para intensificar o isolamento social. Importa ressaltar que essa estratégia nem sempre é realizada de forma consciente. Muitas meninas e mulheres com TEA só vão perceber o uso que fazem da máscara social durante um processo terapêutico.

Comunicação Social

A comunicação social constitui um processo interativo e complexo que possibilita aos indivíduos compartilhar informações, expressar emoções e forjar conexões com outros através de uma variedade de canais expressivos, incluindo linguagem verbal, expressões faciais, gestos e postura corporal. Estendendo-

-se além do simples ato de falar e ouvir, ela abrange a habilidade de processar sinais não verbais, discernir intenções e contextos, e flexibilizar a própria comunicação para adequar-se às exigências culturais e sociais.

No domínio do Transtorno do Espectro Autista, a comunicação social assume um papel crítico, uma vez que deficiências nesta área são uma característica central do transtorno, impactando significativamente a habilidade de indivíduos com TEA se engajarem plenamente em seu ambiente social e nas relações interpessoais.

Especificamente em meninas com TEA, nota-se que elas podem desenvolver um vocabulário avançado desde cedo, embora nem sempre utilizem suas habilidades verbais de maneira contextualmente apropriada. Predomina nelas uma tendência para a comunicação literal, o que pode causar desencontros e confusões em interações sociais repletas de subtextos e nuances implícitas. Por exemplo, consideremos uma situação em que as meninas estão conversando durante uma festa do pijama, um cenário tipicamente feminino que exige diversas habilidades sociais e de comunicação. Durante a festa, as meninas podem começar a falar sobre seus "*crushes*" (paixonites) da escola. Enquanto as outras meninas trocam risadinhas e usam linguagem cheia de insinuações e eufemismos para falar sobre seus sentimentos românticos, a menina com TEA, por tender à comunicação literal e direta, pode expressar suas opiniões e emoções de forma franca e sem filtros. Essa franqueza pode ser interpretada como "grosseria" ou descortesia, e até mesmo causar embaraço entre as outras garotas.

Muitas meninas no Espectro têm uma vontade genuína de se engajar e formar laços com seus pares durante conversas espontâneas, o que contrasta com os padrões observados em meninos autistas e meninas típicas (Song,et al., 2018). Contudo, elas frequentemente enfrentam obstáculos ao tentar interpretar complexidades e nuances durante as interações. Pode ser particularmente desafiador para elas discernir sutis comunicações não verbais, dificultando a percepção da denominada "linguagem oculta" que permeia o diálogo social, como compreender o uso de sarcasmo, identificar brincadeiras ou interpretar expressões idiomáticas. Essas dificuldades podem conduzir a mal-entendidos; por exemplo, uma menina com TEA pode considerar de forma literal um comentário irônico sobre seu vestuário, interpretando-o como um elogio sincero e não perceber a crítica implícita, agradecendo, inclusive, pelo comentário "gentil".

Além disso, o reconhecimento e a expressão dos próprios sentimentos podem ser obstáculos na comunicação efetiva. Meninas com TEA podem lutar para comunicar suas emoções e necessidades internas, muitas vezes recorrendo a comportamentos ou estratégias comunicativas indiretas. Por exemplo, uma menina com TEA pode comunicar desconforto por meio de mudança na atividade ou retirada social, em vez de verbalizar sua ansiedade ou insatisfação. Em meninos, observa-se uma tendência maior de comunicar seu mal-estar por meio de comportamentos disruptivos.

Gestão das Emoções

Gestão das emoções, ou regulação emocional, é o processo pelo qual as pessoas influenciam, conscientemente ou não, quais emoções elas têm, quando as têm e como expressam e vivenciam essas emoções. É uma competência psicológica essencial, que permite aos indivíduos gerir as complexidades das interações sociais, responder adaptativamente aos desafios cotidianos e manter o bem-estar emocional.

No Transtorno do Espectro Autista, a gestão das emoções ganha uma relevância particular, pois muitas pessoas com TEA podem enfrentar dificuldades em identificar suas emoções, compreender as alheias e utilizar estratégias eficientes para modular a intensidade e a duração de suas respostas emocionais. Essas singularidades na regulação emocional podem resultar em desafios distintos que afetam a comunicação, o relacionamento social e a qualidade de vida desses indivíduos.

A gestão das emoções em crianças com TEA pode ser influenciada por fatores biológicos, sociais e culturais, incluindo diferenças de gênero que afetam tanto a percepção quanto a expressão de emoções.

Tradicionalmente, a pesquisa sobre o autismo concentrou-se predominantemente nos meninos, o que pode limitar nossa compreensão abrangente sobre como as meninas com TEA experimentam e lidam com suas emoções. No entanto, há indícios que sugerem distinções na gestão emocional entre meninos e meninas com TEA.

De acordo com Hervás (2022), meninas com TEA apresentam mais alterações emocionais em comparação com os garotos autistas. No entanto, essas variações muitas vezes não são expressas de maneira evidente, levando frequentemente à confusão, sendo erroneamente interpretadas como timidez em vez de uma possível dificuldade na gestão emocional. Para os meninos, que tendem a ter menos alterações emocionais, a manifestação dessas emoções frequentemente se reflete em um quadro de hiperatividade e alterações comportamentais evidentes.

Habilidades de Comunicação Verbal e Não Verbal

Habilidades de comunicação verbal e não verbal são componentes essenciais do processo de interação. A comunicação verbal envolve a troca de informações por meio de palavras, seja faladas ou escritas, incluindo vocabulário, estrutura gramatical, tom de voz e ritmo. Por outro lado, a comunicação não verbal transmite mensagens sem o uso de palavras, utilizando gestos, expressões faciais, postura corporal e movimentos dos olhos. Ambas as formas de comunicação desempenham papéis cruciais na expressão de ideias, sentimentos e na compreensão mútua entre as pessoas. A integração eficaz dessas habilidades é essencial para uma comunicação clara e bem-sucedida, permitindo que as pessoas se expressem de maneira completa e compreendam plenamente as mensagens transmitidas, conforme o contexto social e suas expectativas particulares.

No contexto do TEA, tanto para meninas como para meninos, a comunicação verbal e não verbal pode apresentar diferenças significativas em relação aos não autistas. No nível de suporte 1, é comum observarmos o uso de palavras e frases de maneira aparentemente convencional. Contudo, quando se trata do alinhamento com expressões não verbais, começam a surgir dificuldades.

Por exemplo, uma pessoa com autismo pode fazer uma brincadeira com alguém, mas sua expressão não verbal, como sorrisos ou entonação apropriada, pode deixar dúvidas se realmente foi uma tentativa de brincadeira ou se estava falando sério.

Outra questão frequente é a interpretação incorreta de gestos e sinais sociais, com dificuldades em entender expressões faciais sutis ou a intenção por trás do contato físico, o que pode levar à impressão de desatenção ou desinteresse. Pessoas com TEA também podem apresentar expressões faciais que não correspondem às emoções que estão tentando comunicar, ou podem se sentir sobrecarregadas com o contato visual direto, preferindo formas alternativas de engajamento.

Comparativamente, meninos com TEA apresentam um maior desalinhamento entre a comunicação verbal e não verbal quando comparados às meninas. Isso se manifesta em comportamentos como evitar contato visual e exibir padrões de movimentos estereotipados com maior frequência. A coesão entre suas palavras e reações físicas pode ser ainda mais complexa devido a desafios adicionais na coordenação de gestos e expressões faciais sincronizadas com suas palavras. Em contrapartida, as meninas tendem a apresentar menos comportamentos repetitivos não funcionais em comparação com os meninos com autismo, além de utilizarem um maior número de expressões faciais e demonstrarem maior facilidade em alinhar a expressão verbal com a não verbal (Beggiato et al., 2017; Hervás, 2022).

Por fim, este capítulo concentrou-se principalmente nas características distintivas do Transtorno do Espectro Autista em meninas que requerem um nível de suporte classificado como 1, ou seja, um apoio pouco substancial. Importa ressaltar que esse nível de apoio não abarca todas as variações possíveis dentro do espectro. Em situações em que o suporte necessário é mais intensivo, nota-se que as diferenças de comportamento e desafios associados ao TEA em meninas e meninos tendem a se tornar menos marcantes. No entanto, isso não exclui a possibilidade de meninas com maior necessidade de suporte enfrentarem dificuldades únicas em sua experiência como mulheres.

Quando se discute os sinais do TEA em meninas, duas palavras surgem constantemente: "masking" e "sutileza". Ambas complicam o reconhecimento do Transtorno, contribuindo para que as meninas sejam subdiagnosticadas e, consequentemente, recebam atenção inadequada às suas necessidades específicas. Tendo isso em mente, o próximo capítulo será dedicado à exploração de abordagens e estratégias que podem facilitar a observação dos sinais de autismo nas meninas, apesar dessas sutilizas.

Será que Ela Tem Autismo? Avaliação do TEA em Meninas

A identificação dos sinais do Transtorno do Espectro Autista em meninas transcende o papel exclusivo do médico, transformando-se em uma responsabilidade compartilhada entre diversos profissionais e pessoas envolvidas na vida da criança. A abordagem colaborativa entre diferentes áreas de expertise é essencial para assegurar uma avaliação abrangente e precisa, contribuindo para uma intervenção precoce e suporte adequado às necessidades específicas das meninas no Espectro.

Considerando que as meninas podem desenvolver estratégias compensatórias que frequentemente mascaram as características associadas ao TEA, a observação criteriosa daqueles que convivem com elas diariamente é indispensável para possibilitar um diagnóstico médico mais assertivo. Em particular, a análise atenta de como as meninas se engajam ou aparentam se engajar em situações de comunicação social é um ponto crucial para essa observação.

Profissionais e cuidadores devem procurar sinais de rigidez ou ausência de variação no diálogo, que podem sugerir um comportamento aprendido superior à espontaneidade esperada na interação. Investigar como essas meninas iniciam interações sociais também revela muito sobre suas habilidades comunicativas; suas abordagens são apropriadas ou parecem forçadas e descontextualizadas? Avaliar a manutenção dessas interações é igualmente informativo; elas prolongam diálogos ou apenas se envolvem em trocas superficiais de cortesia? Um outro ponto pertinente para observação é sua capacidade de desenvolver e manter uma comunicação recíproca, especialmente sua reação a turnos de conversação e sua habilidade de ler e responder a pistas não verbais.

Além de focar na comunicação social, é imprescindível avaliar o comportamento adaptativo das meninas no contexto da identificação dos sinais do TEA. O comportamento adaptativo se refere à forma como indivíduos lidam com demandas da vida cotidiana e até que ponto conseguem operar de maneira independente dentro de sua comunidade. A compreensão de como elas se adaptam aos vários contextos da vida real pode oferecer pistas importantes sobre a presença do Transtorno.

Meninas no Espectro Autista podem desenvolver habilidades significativas de autonomia, como vestir-se, cuidar da própria higiene e alimentar-se de forma independente. Além disso, é comum exibirem um senso de responsabilidade nas tarefas cotidianas, sugerindo uma capacidade de adaptação.

No entanto, essa capacidade de se adaptar depende frequentemente de uma rotina estável e previsível; alterações ou imprevistos na programação diária podem expor limitações em seu comportamento adaptativo. Ao serem confrontadas com novidades ou alterações nas rotinas estabelecidas, essas meninas podem apresentar desconforto, ansiedade ou dificuldade em se ajustar rapidamente. Por exemplo, considere uma menina com TEA que tem sua rotina diária bem definida, onde tudo, desde o preparo para a escola até as refeições, segue um padrão previsível. Ela se veste com independência, escolhendo roupas conforme a ordem que estipulou em seu armário, e mantém sua higiene pessoal seguindo uma lista visual fixada no banheiro. Tudo isso demonstra suas habilidades adaptativas dentro de uma estrutura conhecida e controlada.

No entanto, uma mudança abrupta na rotina, como a máquina de lavar quebrar, o que a impede de vestir a camiseta específica que utiliza todas as quintas-feiras, pode ser um teste para suas habilidades de adaptação. Ela pode reagir a essas mudanças com uma série de comportamentos, desde uma resistência inicial em utilizar outra roupa até uma recusa inflexível em vestir-se, manifestadas através de birras intensas. Este comportamento pode ser interpretado como "excesso de mimo" ou uma simples "falta de educação", em vez de rigidez específica do TEA, por isso a necessidade do olhar atento.

É também vital observar como essas meninas se comportam em situações sociais não estruturadas, como recreios, festas ou durante atividades de grupo. Nessas circunstâncias, elas podem ter dificuldade em tomar iniciativas adequadas, participar de jogos de grupo ou responder apropriadamente a estímulos e interações sociais espontâneas. Elas podem parecer passivas ou ainda se apegar a comportamentos ritualísticos ou repetitivos como um meio de encontrar segurança em meio ao imprevisível. Em outro extremo, pode apresentar comportamento irritadiço e buscar alternativas pra não precisar interagir por muito tempo nestas situações.

Dentro do espectro do comportamento adaptativo, as diferenças entre meninas e meninos com o Transtorno são substanciais e, ainda quando sutis, são significativas para a identificação do TEA. Por exemplo, enquanto um menino com TEA pode exibir dificuldades com comportamento adaptativo de maneira mais evidente, como uma resistência visível a mudanças na rotina da sala de aula, uma menina com TEA pode manifestar suas dificuldades de maneira menos óbvia. Ela pode, por exemplo, manter-se na rotina alterada, mas apresentar sinais discretos de ansiedade, como entrelaçar os dedos repetidamente ou desviar o olhar com frequência.

Quando buscamos identificar sinais de Transtorno do Espectro Autista em meninas, é importante também analisar a natureza e a amplitude de seus interesses e atividades. Muitas meninas com TEA podem demonstrar interesses que, à primeira vista, parecem alinhados com os de outras crianças da mesma idade, como animais, desenhos animados ou alguma ficção juvenil que esteja em alta dentro de sua faixa etária e contexto cultural. Estes interesses, inicialmente, podem não causar preocupações diretas. Neste quesito, a identificação de traços do autismo reside no nível de envolvimento com esses interesses. É importante observar quanto tempo dedicam a esses focos, a intensidade com que falam sobre o assunto e a quantidade de conhecimento que acumulam a respeito.

Além disso, é importante avaliar se esses interesses limitam a capacidade da menina de participar em outras atividades ou de se envolver com seus colegas em brincadeiras diversas sem, de alguma forma, inserir o objeto de seu interesse nos jogos simbólicos ou nas conversas do grupo. Quando o foco excessivo nesses interesses resulta na exclusão de outras atividades essenciais para o desenvolvimento social e emocional, ou se contribui para a rigidez e inflexibilidade em suas rotinas,ações e pensamentos, isso pode indicar a presença do Transtorno.

Os *stims* (estereotipias) em meninas também podem ser bem sutis e facilmente confundidos como um movimento ligado apenas a um quadro de ansiedade patológica, como por exemplo: roer unhas, arrancar pedacinhos de pele ao redor das unhas, retorcer o pedaço de uma blusa, entre outros. Algumas vezes estas estereotipias são aparentemente invisíveis, como mordiscar o lado de dentro da boca.

Para uma avaliação abrangente de meninas que possam estar no Espectro, é imprescindível realizar um acompanhamento minucioso e coletar informações detalhadas sobre o comportamento da criança em uma variedade de contextos, tanto em ambientes estruturados quanto em situações imprevisíveis. Conforme discutido no início deste texto, o envolvimento de pais, professores e outros cuidadores é central para compilar um relato completo e preciso, contribuindo para um panorama mais rico do perfil comportamental da menina.

Além disso, a análise das comorbidades é um elemento de suma importância no processo de identificação do TEA. Como já vimos, condições adicionais, como Transtorno de Déficit de Atenção e Hiperatividade (TDAH), Transtornos de Ansiedade, alterações no processamento sensorial ou distúrbios de aprendizagem, podem coexistir com o autismo e influenciar a apresentação dos sintomas. Estas comorbidades podem, inclusive, ocultar os sintomas do TEA complicando sua identificação, devido à sobreposição entre características de diferentes condições.

No contexto do sistema de saúde brasileiro, onde

o diagnóstico médico é essencial para a identificação oficial do TEA, é importante que profissionais de diferentes áreas, como psicólogos, terapeutas ocupacionais e fonoaudiólogos, participem do processo de avaliação para proporcionar uma compreensão integral das necessidades da criança. Com a colaboração interdisciplinar, pode-se minimizar as chances de um diagnóstico incorreto ou incompleto, permitindo que as intervenções sejam mais bem direcionadas à experiência única da menina.

Por último, profissionais da saúde e educação com formação específica para identificar os sinais mais sutis e frequentemente camuflados do autismo em meninas são indispensáveis, porém escassos nesse processo. Sendo assim, é de extrema importância que todos que lidam diretamente com crianças e adolescentes estejam em constante atualização para evitar cair em estereótipos e perpetuar mitos sobre as meninas no Espectro.

Dessa maneira, no próximo capítulo, abordaremos alguns desses estereótipos para contribuir no combate ao preconceito e na promoção de uma compreensão mais precisa e desmitificada do Transtorno do Espectro Autista em meninas.

Mitos e Realidades Sobre o TEA em Meninas

Desfazer mitos e questionar ideias erroneamente arraigadas é fundamental para promover uma compreensão mais precisa e esclarecida sobre a manifestação do autismo em meninas, por isso, neste capítulo, iremos discutir alguns dos equívocos mais comuns, oferecendo uma visão mais aprofundada e crítica acerca do TEA em meninas.

Mito 1: O TEA é Bem Menos Frequente em Meninas

À medida que avança o entendimento científico sobre o Transtorno do Espectro Autista (TEA), a percepção sobre sua incidência tem sido revista. Tradicionalmente, os diagnósticos de TEA eram mais frequentes em meninos do que em meninas. As causas dessa discrepância são temas de investigação contínua e debate.

Pesquisas iniciais indicavam que a distribuição de gênero no TEA apresentava uma proporção de quatro meninos para cada menina afetada, sugerindo uma prevalência reduzida no sexo feminino. Contudo, investigações mais recentes questionam essa visão, propondo que as meninas podem estar sendo subdiagnosticadas ou recebendo diagnósticos tardios. Por exemplo, trabalhos como o de Beggiato et al. (2016) argumentam que a proporção pode ser mais baixa, aproximando-se de 3:1 entre homens e mulheres. A pesquisa de McCrossin (2022) vai além, indicando uma proporção de 3 para 4, isto é, sugerindo que o TEA pode afetar mais mulheres do que anteriormente reconhecido.

McCrossin (2022) também destaca que cerca de

80% das mulheres afetadas pelo TEA podem permanecer sem diagnóstico até os 18 anos de idade. O autor identifica dois principais vieses que contribuem para essa situação: o viés de reconhecimento e o viés de diagnóstico. O viés de reconhecimento aborda as barreiras que dificultam o caminho das mulheres com TEA até o diagnóstico, tais como a escassa conscientização sobre o TEA nesta população, a minimização dos sintomas apresentados e a dificuldade de acesso a serviços de saúde apropriados. Por outro lado, o viés de diagnóstico envolve as barreiras enfrentadas após a busca por assistência médica, incluindo o desconhecimento sobre a manifestação do TEA em mulheres, a ausência de ferramentas diagnósticas adaptadas e a falta de preparo dos profissionais de saúde para identificar os sintomas do autismo neste grupo específico.

Apesar do reconhecimento predominante de que os homens são mais comumente diagnosticados com TEA do que as mulheres, existe um crescente corpo de evidências sugerindo que a diferença real pode ser bem menor do que se supunha anteriormente.

Mito 2: Meninas com TEA Não Têm Interesse em Amizades

O Mito 2, que afirma "Meninas com TEA não têm interesse em amizades", não encontra respaldo nas evidências científicas disponíveis hoje. Pesquisas demonstram que, independentemente do gênero, indivíduos com TEA têm interesse em desenvolver e manter vínculos interpessoais. No entanto, destaca-se que meninas com TEA costumam ter uma motivação social mais elevada, um repertório mais amplo de brincadeiras imaginativas e uma maior facilidade em atrair a atenção social do que meninos, conforme revelado em estudos recentes (Song, et al., 2021).

A premissa equivocada quanto à falta de interesse de meninas com TEA em amizades pode originar-se de mal-entendidos relacionados ao seu comportamento social. Dificuldades no manejo das complexidades das interações sociais cotidianas podem resultar em desafios na criação de conexões com seus pares. Além disso, meninas no espectro podem apresentar estilos sociais distintos, optando por amizades mais próximas e unilaterais, ao contrário dos meninos com TEA, que tendem a preferir interações em ambientes grupais (Dean et al., 2023; Chan et al. 2023; Christian et al., 2021).

Outro aspecto relevante é o modo como as meninas com TEA processam informações, que pode ser diferente, levando ocasionalmente a mal-entendidos na comunicação. Elas podem não perceber certos sinais sociais ou nuances, gerando situações embaraçosas ou mal-entendidos. Por exemplo, uma colega pode sentir-se desconfortável por não saber como agir de maneira apropriada ao redor de uma menina com TEA. Simultaneamente, meninas com TEA podem se sentir magoadas ou excluídas, mesmo sem haver intenção de ferir seus sentimentos por parte dos demais. Essas barreiras comunicativas representam desafios que requerem atenção e compreensão para promover interações sociais mais positivas. Contudo, essas questões não indicam, de forma alguma, falta de interesse em formar amizades.

Mito 3: Meninas no Espectro Não Têm Empatia

A concepção de que meninas no Espectro Autista carecem de empatia é uma interpretação simplista que ignora a complexidade e as diversas formas de expressão dessa habilidade em pessoas com o transtorno. Pesquisas recentes apontam que as capacidades emocionais, especialmente no que diz respeito à empatia, são complexas e variadas, manifestando-se de forma distinta, particularmente em mulheres com autismo (Liu et al., 2023; Shaw et al., 2023).

Embora seja verdade que indivíduos no espectro autista possam enfrentar dificuldades com a empatia, isso não significa que eles sejam totalmente incapazes de expressá-la. Destaca-se que a empatia pode ser categorizada em componentes cognitivos e afetivos. A empatia cognitiva envolve a capacidade de compreender o estado mental de outrem, também conhecida como "teoria da mente". Já a empatia afetiva refere-se à capacidade de responder emocionalmente ao estado emocional de outra pessoa. Existem estudos indicando que muitas pessoas no espectro, incluindo meninas, podem manifestar empatia afetiva, ainda que apresentem desafios com a empatia cognitiva (Shirayama et al., 2022).

Além disso, é importante considerar que a expressão da empatia em meninas com autismo pode diferir das expectativas convencionais. Não significa a ausência de empatia, mas sim que sua expressão pode ser atípica. As manifestações de empatia por meninas no espectro podem ocorrer de formas singulares, adaptadas ao seu modo de processar o mundo. Em alguns casos, essa expressão pode ser mais pragmática, focando em buscar soluções para o sofrimento alheio, ao invés de se manifestar por meio de reações não verbais, como o choro em resposta a um evento emotivo.

Conforme apontado por Hervás (2022), em comparação a meninos com autismo, meninas tendem a demonstrar um nível de empatia mais acentuado, englobando tanto a capacidade de entender quanto de compartilhar sentimentos alheios, além de uma maior habilidade de aplicar a teoria da mente, ou seja, reconhecer crenças, intenções e emoções de terceiros.

Mito 4: Meninas Autistas São Sempre Introvertidas.

Este mito perpetua uma generalização incorreta sobre meninas no espectro autista, sugerindo que todas têm um traço de personalidade comum, neste caso, a introversão. No entanto, a realidade é que o autismo é um espectro diversificado, e as características de personalidade variam amplamente, assim como na população em geral.

É verdade que algumas meninas autistas podem ser introvertidas, optando por atividades solitárias ou evitando situações sociais extenuantes. No entanto, outras podem ser extrovertidas, envolventes e participativas socialmente. Suas dificuldades na comunicação podem se manifestar em outros aspectos, como a compreensão de diferentes tons de voz ou a dificuldade em identificar quando é apropriado falar durante um diálogo ou ainda reconhecer quando é a hora de parar de falar, já que o interlocutor não está mais atento à conversação.

Há também aquelas que exibem traços ambivertidos, mostrando-se abertas ao contato social em alguns momentos, enquanto preferem a solidão em outros.

É preciso entender que o autismo não determina um único tipo de personalidade ou estilo de interação social. Meninas autistas podem ter diferentes níveis de sensibilidade a estímulos ambientais, preferências na comunicação e formas de processar experiências sociais, influenciando sua inclinação para a introversão ou extroversão.

Além disso, é importante reconhecer que a expressão de traços introvertidos pode ser, em algumas circunstâncias, uma resposta a experiências de sobrecarga sensorial ou fadiga social, comuns a muitos autistas, e não necessariamente uma preferência inata ou constante. Portanto, ao falar sobre meninas no espectro autista, é essencial evitar generalizações e apreciar a individualidade de cada uma.

Mito 5: O Autismo em Meninas é Sempre Mais Leve.

Como já falamos, reconhecer que o Transtorno do Espectro Autista apresenta características distintas entre meninos e meninas é indispensável para melhorar a compreensão do distúrbio, possibilitar diagnósticos mais acurados e fomentar intervenções mais efetivas. Contudo, é vital esclarecer que destacar essas diferenças não significa, sob nenhuma circunstância, inferir que o TEA se manifesta de forma mais amena em meninas.

As necessidades de suporte de pessoas com autismo são influenciadas por diversos fatores, como habilidades de comunicação, comportamentos repetitivos, reações a estímulos sensoriais e a importância das rotinas. Pode-se observar que meninas com autismo, especialmente diante das específicas pressões sociais conforme crescem, podem demandar um suporte tão intensivo quanto ou até mais complexo que o necessário para meninos (McCrossin, 2022).

A concepção de que o autismo é menos grave em meninas conduz ao risco de subavaliação de suas necessidades. As demandas por suporte podem ser igualmente prementes para meninas e meninos, ainda que as maneiras como se manifestam varie. Frequentemente, meninas no espectro enfrentam profundas questões internas, incluindo desafios no processamento sensorial, na regulação emocional e no estabelecimento de relações sociais. Esses desafios, por mais que possam não ser visivelmente óbvios, não são indicativos de um espectro autista menos severo.

Após desfazermos alguns dos mitos relacionados ao autismo em meninas, abre-se a oportunidade para aprofundarmos nosso entendimento sobre um período particularmente sensível do desenvolvimento humano: a adolescência. É a esta fase que o próximo capítulo será dedicado.

Desafios Durante a Adolescência de Meninas no Espectro

A adolescência representa um período de transição significativa, marcada pelo desenvolvimento físico, cognitivo e emocional. Durante essa fase, os jovens experimentam mudanças hormonais que podem afetar seu humor e comportamento. O cérebro adolescente está em constante maturação, com a região pré-frontal — responsável pela tomada de decisões e controle dos impulsos — sendo uma das últimas a se desenvolver. Este processo de amadurecimento cerebral impacta diretamente o pensamento crítico, a resolução de problemas e a regulação emocional.

Socialmente, a adolescência é um momento em

que a busca por identidade se torna central, com os adolescentes testando limites e se esforçando para construir um senso de autonomia. Eles começam a formar laços mais fortes com seus pares do que com a família, o que lhes dá um campo para explorar relações diferentes e desenvolver competências sociais. Os adolescentes também passam a enfrentar expectativas aumentadas em termos acadêmicos e começam a considerar planos para o futuro, o que envolve decisões sobre carreira e independência pessoal.

Para adolescentes com Transtorno do Espectro Autista, essas transformações e desafios são vivenciados através de lentes particulares. A interação com o meio se dá através de um conjunto distinto de habilidades e percepções, que podem influenciar não só a maneira como respondem às demandas cotidianas, mas também como processam as mudanças inerentes a essa fase.

É essencial reconhecer que enquanto a adolescência abriga um período de mudança universal, a experiência é profundamente singular para o sujeito. Ao considerar o TEA, isso é ainda mais pronunciado, dada a vastidão do espectro e a variedade dos perfis comportamentais e cognitivos que ele engloba.

Ao movermos o foco para o Transtorno do Espectro Autista em meninas adolescentes, é imprescindível reconhecer que essas meninas terão experiências adicionais às características da adolescência comum, proporcionadas pelas particularidades de sua condição neurodiversa.

Diante dessas considerações, vamos agora explorar mais profundamente as especificidades da adolescência feminina no espectro autista, buscando oferecer uma maior compreensão dessas experiências e os modos mais efetivos de apoio e direcionamento.

Autoconsciência e Aceitação Social

Durante a adolescência, o processo de autoconhecimento e aceitação social torna-se particularmente desafiador para meninas no Espectro Autista. Nesse período, elas frequentemente encontram-se limitadas na habilidade de identificar e interpretar suas próprias emoções, uma situação que pode ser agravada diante das crescentes exigências sociais e emocionais da puberdade. Desse modo, as adolescentes podem enfrentar dificuldades não só em compreender e administrar seus sentimentos, mas também em lidar com percepções negativas a respeito de suas capacidades sociais, fomentando um ciclo de baixa autoestima e isolamento social.

Esta insuficiência no autoconhecimento emocional está frequentemente associada a uma maior vulnerabilidade aos transtornos mentais. De acordo com um estudo de Horowitz et al., publicado no Journal of Autism and Developmental Disorders em 2018, adolescentes autistas apresentam um risco significativamente elevado de desenvolver depressão quando comparados a seus pares neurotípicos. Hervál (2022) expande essa análise, indicando que meninas e mulheres com sintomas de autismo subdiagnosticados apresentam uma propensão ainda maior para o desenvolvimento de transtornos emocionais, incluindo ansiedade e depressão.

Além disso, os estudos destacam que os desafios sociais persistem na adolescência para pessoas com TEA. Meninas autistas, em particular, tendem a experimentar níveis reduzidos de aceitação social e aumentados de rejeição em comparação com seus pares sem o transtorno, com limitadas oportunidades de interação social, resultando em exclusão significativa das redes sociais típicas da adolescência (Cook,

2018; Dean et al., 2023; Christian et al., 2021).

Por exemplo, em atividades de grupo, o comportamento reservado de uma adolescente autista pode ser mal interpretado como desinteresse por seus colegas, levando ao seu isolamento social. Ou ela pode ter dificuldades em participar de conversas casuais devido a não compreensão, por parte dos colegas, de sua preferência por interações mais estruturadas ou por períodos de silêncio e estímulo sensorial reduzido.

Para enfrentar esses obstáculos, muitas meninas autistas e seus sistemas de apoio adotam estratégias de autoconhecimento ativo, cruciais para o êxito tanto no âmbito pessoal quanto profissional. Estas incluem terapias comportamentais para aprimorar habilidades sociais, uso de diários para acompanhamento de emoções e identificação de padrões comportamentais, bem como a elaboração de planos de ação para melhor gerenciar situações sociais complexas. Existem também programas focados no ensaio de interações sociais por meio de avatares virtuais ou *role-playing*, oferecendo um ambiente seguro para a prática.

No entanto, apesar desses esforços, as meninas no espectro continuam a confrontar barreiras sociais significativas, exacerbadas por estereótipos relacionados ao autismo. As dificuldades enfrentadas por elas, especialmente na consideração ao suporte nível 1, frequentemente não são tão reconhecidas ou aceitas quanto as dos meninos, evidenciando uma discrepância nas expectativas e suporte oferecidos aos sujeitos com TEA.

Puberdade, Menstruação e Habilidades de Autocuidado

A adolescência é um período repleto de transformações significativas para as meninas autistas, marcado pela puberdade e pelos desafios específicos associados ao Transtorno do Espectro Autista. Dentre esses desafios, a menstruação destaca-se, já que as dificuldades relacionadas a ela podem ser amplificadas devido às alterações sensoriais que tendem a se intensificar nessa etapa da vida.

Meninas hipersensíveis podem enfrentar desconforto considerável ao utilizar absorventes, pois a sensação deles pode se tornar uma fonte constante de distração e angústia devido à alta sensibilidade tátil. Cada dobra e movimento do absorvente pode acentuar esse desconforto. Além disso, tampões ou copos menstruais podem ser alternativas inviáveis para essas meninas, pois são mais invasivos e, portanto, mais desconfortáveis para essa população.

Outro ponto a ser considerado é a sensibilidade às cólicas menstruais, representando um desafio adicional para adolescentes com hiper-responsividade sensorial. O que seria uma dor moderada para adolescentes sem essa condição pode tornar-se extremamente intensa e incapacitante para aquelas que a possuem.

Além disso, as transformações corporais associadas à menstruação, como o fluxo de sangue, podem ser percebidas de maneira mais intensa por meninas com hipersensibilidade. A consciência dessas mudanças pode gerar desconforto significativo e até desencadear episódios de comportamento disruptivo.

Para lidar com essas hipersensibilidades, diversas abordagens práticas podem ser consideradas. Adolescentes autistas e seus cuidadores podem explorar produtos menstruais alternativos, como calcinhas absorventes, que são mais confortáveis e discretas. No caso de cólicas, métodos de alívio da dor que não dependem do contato físico, como almofadas térmicas ou medicação, sob orientação médica, podem ser uma opção mais adequada.

Meninas autistas com hipossensibilidade podem

enfrentar desafios únicos durante a menstruação. A reduzida sensibilidade sensorial pode resultar em um atraso na percepção do início da menstruação, levando a vazamentos e manchas em roupas sem que a jovem se dê conta. Esse desafio pode afetar a autoestima e causar embaraço social. Além disso, a consciência de quando trocar produtos de higiene pode ser comprometida devido à menor percepção da umidade ou outros sinais físicos que normalmente indicariam a necessidade de uma troca, aumentando o risco de problemas como irritações na pele e infecções.

No que diz respeito à percepção de cólicas e desconfortos abdominais, a hipossensibilidade pode mascarar as dores menstruais, o que, por um lado, pode parecer um alívio, mas, por outro lado, pode impedir o reconhecimento de problemas de saúde que exigiriam cuidado médico.

A falta de sensibilidade exige medidas específicas para a gestão eficaz da menstruação. O uso de lembretes visuais ou alarmes pode ser incorporado para ajudar as adolescentes a lembrar de verificar se a menstruação começou e quando trocar os absorventes ou tampões. Uma educação detalhada e adaptada é também fundamental para que compreendam a importância da higiene pessoal e do autocuidado durante esse período. A criação de planos de ação personalizados com rotinas estruturadas para o cuidado menstrual pode proporcionar a necessária estrutura para gerir a saúde feminina de forma autônoma e segura.

Meninas autistas podem ter dificuldades com a necessidade de usar sutiã pela primeira vez e lidar com o desconforto físico de roupas que se sentem diferentes ou restritivas em seus corpos. Além disso, alterações na aparência física, como o crescimento dos seios, espinhas e o surgimento de pelos corporais, requerem a incorporação de novas rotinas de cuidados pessoais que podem ser desafiantes.

Embora a pesquisa sobre a experiência de meninas autistas nessa fase seja limitada, estudos destacam a importância do suporte na orientação desses desafios. Pais, cuidadores e profissionais de saúde precisam fornecer educação sobre as mudanças decorrentes da puberdade de forma clara e acessível. Isso pode incluir a utilização de materiais visuais e recursos educacionais adaptados às necessidades de aprendizado da menina autista.

Ensinar habilidades de autocuidado e promover a autonomia é vital. Por exemplo, pode-se criar rotinas estruturadas e sequenciadas visualmente para guiar a menina na higiene pessoal, no manuseio de produtos menstruais e na seleção de roupas confortáveis, priorizando materiais e estilos que minimizem o desconforto sensorial. As adolescentes também podem se beneficiar de espaços seguros para discutir abertamente dúvidas e preocupações sobre sua saúde e bem-estar.

Além dos aspectos físicos, a puberdade também traz mudanças emocionais e sociais significativas, que podem ser difíceis de entender e gerenciar para meninas com autismo. Tais mudanças podem influenciar a forma como as adolescentes interagem com seus pares e compreendem a si mesmas, enfatizando a necessidade de apoio social e emocional direcionado.

Paixões e Relacionamentos Afetivos

Adolescentes com Transtorno do Espectro Autista (TEA) encontram-se frequentemente diante de desafios específicos quanto ao desenvolvimento de sentimentos românticos e o estabelecimento de relações afetivas. Apesar de muitas desejarem forjar laços românticos e amizades significativas, obstáculos importantes podem surgir nessas empreitadas.

Um dos primeiros desafios reside na interpretação de sinais sociais. A linguagem corporal sutil e as expressões faciais, cruciais para a comunicação afetiva, podem ser particularmente difíceis de decifrar para essas adolescentes, complicando o discernimento entre interesse romântico e cordialidade simpática. Da mesma forma, as convenções implícitas de namoro e flerte, muitas vezes intuitivamente compreendidas pelos neurotípicos, podem parecer esotéricas e imprevisíveis para meninas com TEA.

Ademais, processar e expressar os próprios sentimentos representa outro desafio. Adolescentes autistas podem sentir paixões profundas e intensas, mas encontrar dificuldades tanto na expressão dessas emoções quanto no entendimento da reciprocidade emocional dentro de um relacionamento. A vulnerabilidade requerida ao revelar sentimentos e a navegação de normas sociais associadas ao romance representam barreiras adicionais, dificultando o compartilhamento de sentimentos.

A tendência à comunicação direta e literal, característica de muitos indivíduos com TEA, pode também atrair mal-entendidos em ambientes sociais que valorizam nuances e subentendidos, causando confusões ou afastando possíveis parceiros que podem não entender ou valorizar essa franqueza.

Barreiras sociais e educacionais exacerbam essas dificuldades. A escassez de educação sexual que considere as particularidades do espectro autista e a falta de ambientes seguros para o aprimoramento de habilidades sociais restringem a capacidade das meninas autistas de compreender plenamente as dinâmicas dos relacionamentos íntimos. O estigma e os mitos vigentes podem, ainda, influenciar as expectativas alheias sobre suas potencialidades afetivas, consolidando sua marginalização social.

Conforme sugerido por Ottoni et al. (2019), a criação de ambientes inclusivos e compreensíveis, aliada a programas focados em habilidades sociais e intervenções educativas, pode auxiliar essas adolescentes a enfrentarem esses desafios. Discussões abertas sobre namoro, consentimento e manutenção de relações saudáveis são essenciais para empoderá-las a superar os obstáculos relacionados à afetividade.

Em suma, as dificuldades enfrentadas por meninas autistas na adolescência com relação a sentimentos amorosos e relações afetivas emergem da interseção entre suas singularidades neurológicas e barreiras sociais. Uma abordagem educativa e social inclusiva e informada pode oferecer o suporte necessário para transformar o processo de estabelecer conexões afetivas numa experiência mais enriquecedora e gratificante.

Sexualidade e Educação Sexual

Adolescentes no Espectro do Transtorno do Espectro Autista têm um desenvolvimento sexual normal, mas podem enfrentar dificuldades e singularidades em relação à sua sexualidade. Essas dificuldades abrangem o acesso restrito a informações confiáveis sobre puberdade e sexualidade, bem como níveis mais baixos de conhecimento sobre privacidade, educação sexual e dificuldades para compreender e interpretar sinais de malícia. Em casos em que os sintomas de TEA são bastante acentuados, também é possível observar comportamentos atípicos mais pronunciados, como dificuldades significativas relacionadas ao exibicionismo, excitação inadequada, masturbação em público, ofensas de natureza sexual, entre outros (Arend et al., 2021; Ribeiro et al. 2023; Silva et al., 2022).

Meninas no espectro enfrentam desafios semelhantes aos dos meninos em relação à sexualidade, como dificuldades na leitura social e comportamentos sexuais atípicos. No entanto, é possível observar que, assim como as manifestações do TEA podem variar entre os gêneros, as vivências em relação à sexualidade também variam. Quando falamos de meninas no espectro do autismo, é fundamental reconhecer que a vivência da sexualidade pode ser mais complexa devido a maneiras particulares de perceber e interagir com o mundo ao redor e com a forma como o mundo ao redor percebe a questão da sexualidade de meninas de uma forma geral.

Neste sentido, um estudo conduzido por Dantas et al. (2022) menciona que as proporções de experiências sexuais negativas em meninas com TEA são mais relevantes do que em meninos, variando entre 25% e 52%, enquanto em meninos variam entre 7% e 15%. Isso pode ser atribuído a diversos fatores, como insegurança, menor autoestima, subestimação das experiências sexuais pelos pais, além do próprio desconhecimento sobre o assunto. Além disso, a diversidade na orientação sexual também pode contribuir para essas diferenças. O estudo alerta que 60% das mulheres autistas relataram consentimento a um evento sexual indesejado. Isso pode ter um impacto negativo em sua experiência sexual, pois pode levar a sentimentos de arrependimento e culpa. Para além, Cazalis et al. (2022) constatam em seu estudo que a cada 10 mulheres com TEA, 9 sofreram algum tipo de violência sexual, majoritariamente os episódios ocorreram antes de completarem 18 anos.

A expressão da sexualidade no Transtorno do Espectro Autista varia amplamente, refletindo a diversidade inerente ao espectro. Para lidar com essa diversidade, é preciso estabelecer uma estrutura de apoio adaptável que leve em conta as necessidades, desejos, dificuldades e comprometimentos individuais. No estudo de Brilhante et al. (2020), alguns adolescentes autistas - meninos e meninas - relataram dificuldades de comunicação e compreensão das normas sociais, o que pode afetar sua capacidade de expressar sua sexualidade, sinalizando a necessidade dessa estrutura e de uma educação sexual adaptada que atenda às suas necessidades específicas.

Cada menina no espectro aprende de um jeito. Algumas têm dificuldade com ideias implícitas e outras com muita informação de uma vez. Por isso, a educação sexual delas precisa ser feita de um jeito que faça sentido para elas, respeitando a maneira como percebem e interagem com o mundo.

Para começar, é importante introduzir noções básicas sobre o corpo de forma direta e visual. Usar diagramas claros e precisos ou até modelos físicos pode ser útil para explicar a anatomia e o funcionamento corporal, tornando o abstrato em algo tangível e compreensível.

Privacidade e consentimento são conceitos-chave que precisam ser transmitidos de maneira prática e concreta. Podemos ensinar sobre privacidade através de regras claras sobre quais comportamentos são aceitáveis em público e quais são reservados para espaços privados. Utilizando cenários do dia a dia, meninas no espectro podem aprender sobre o consentimento ao praticar a expressão de seus próprios limites e ao compreender a importância de respeitar os limites dos outros.

As estratégias para ensinar sobre relacionamentos devem incluir a definição de diferentes tipos de relacionamentos, como familiares, amizades e românticos, destacando características e expectativas sociais para cada um. A comunicação de sentimentos e a interpretação de emoções dos outros também podem ser incluídas na educação sexual, ajudando as meninas a identificar e se expressar de maneira apropriada.

Estratégias visuais, como histórias sociais (narrativas curtas e descritivas sobre situações sociais), e ações repetitivas e consistentes podem facilitar o entendimento. É essencial que pais e educadores estejam disponíveis para responder perguntas e oferecer orientações sempre que necessário, abordando dúvidas e preocupações de forma não-julgadora e acolhedora.

Prevenção do Abuso Sexual.

Abordar a segurança e a prevenção de abuso é essencial na educação sexual de meninas com TEA. Aqui estão algumas estratégias práticas para incluir na educação e no dia a dia:

Vocabulário Claro: Utilize um vocabulário simples e direto quando ensinar sobre partes do corpo, incluindo os nomes corretos para os órgãos genitais. Isso possibilita uma comunicação precisa caso precisem relatar qualquer desconforto ou abuso.

Regras de Toque: Estabeleça regras claras sobre o que são toques aceitáveis e não aceitáveis, e ensine que algumas partes do corpo são privadas. Isso ajuda a criar uma compreensão de que certos toques não são apropriados.

Consentimento: Instrua sobre o conceito de consentimento nos relacionamentos cotidianos, destacando que é necessário para qualquer toque ou atividade física e que elas têm o direito de dizer "não".

Identificar Confiança: Ajude-as a identificar pessoas em quem podem confiar, como familiares, professores ou amigos próximos, com quem possam conversar se algo as deixar desconfortáveis ou assustadas.

Situações Hipotéticas: Use cenários hipotéticos para ensinar a identificar comportamentos inapropriados e a reagir a eles. Isso pode incluir role-playing (jogos de interpretação) para praticar como expressar desconforto e pedir ajuda.

Sinais de Alerta: Ensine-as a reconhecer sinais de alerta em comportamentos dos outros, como oferecer presentes em troca de segredos ou pedir que não contem aos pais sobre determinadas interações.

Apoio e Recursos: Forneça informações sobre onde e como buscar ajuda, incluindo números de telefone de linhas diretas de apoio e serviços locais que oferecem assistência em situações de abuso.

Desenvolvimento de Autonomia: Promova a independência e habilidades de autodefesa, encorajando confiança para falar alto e se defender.

Feedback Contínuo: Mantenha comunicação

regular com as meninas para ouvir sobre suas interações sociais, dando a elas espaço e confiança para compartilhar suas experiências e preocupações.

Parcerias com Profissionais: Trabalhe em conjunto com psicólogos, assistentes sociais e outros profissionais para desenvolver um plano de prevenção de abuso personalizado e efetivo.

Ao implementar essas estratégias práticas, os pais e profissionais podem fortalecer as meninas no espectro com as ferramentas necessárias para se protegerem, além de construir um ambiente de suporte e confiança onde se sintam seguras para discutir essas questões importantes. A prevenção do abuso, a educação sexual adaptada e a criação de um círculo de confiança podem ser essenciais para a preservação da saúde mental dessas meninas. E é sobre esta temática que falaremos no capítulo seguinte.

Saúde Mental em Meninas no Espectro

A saúde mental de indivíduos no espectro do autismo é um campo essencial, mas frequentemente esquecido. Discussões sobre o Transtorno do Espectro Autista (TEA) tendem a focar predominantemente em suas manifestações comportamentais e desafios cognitivos, relegando temas cruciais como ansiedade, depressão e pensamentos suicidas a uma posição secundária.

Especificamente em meninas com TEA, observamos que tanto a ansiedade quanto a depressão, condições frequentemente associadas ao TEA, manifestam-se de forma peculiar, acarretando em diagnósticos tardios ou erros diagnósticos e prejudicando, consequentemente, seu bem-estar e crescimento pessoal.

Abordar estas questões com uma perspectiva crítica não somente facilita a identificação precoce de sinais de transtornos mentais, como também incentiva a criação de estratégias de intervenção mais eficazes.

Ansiedade

A ansiedade é caracterizada por um estado de hiperativação do sistema nervoso em resposta a estímulos percebidos como ameaçadores ou estressantes. Clinicamente, compreende-se como um complexo de reações cognitivas, comportamentais e fisiológicas diante da antecipação de perigo ou preocupação.

Quando a ansiedade se torna um problema, ela se manifesta de maneira desproporcional ao estímulo desencadeante, persiste por um período prolongado ou é excessivamente intensa, interferindo significativamente no funcionamento diário do indivíduo. Isso ocorre quando a resposta ansiosa vai além de uma reação normal ao estresse, afetando a capacidade da pessoa de cumprir suas obrigações diárias, manter relacionamentos ou simplesmente desfrutar da vida, caracterizando assim um transtorno de ansiedade.

De acordo com o artigo de Rudy (2023), cerca de 40% da população com Transtorno do Espectro Autista (TEA) apresenta distúrbios ansiosos. No entanto, a variação desses números é considerável, sendo possível encontrar pesquisas que apontam uma incidência de até 84% de problemas relacionados à ansiedade em pessoas com autismo. Independentemente dos valores específicos, todos os estudos analisados para este livro convergem para a conclusão de que pessoas com TEA têm uma maior propensão a desenvolver problemas nessa área.

A ansiedade em pessoas com Transtorno do Espectro Autista (TEA) é influenciada por diversos fatores, tais como dificuldades na interação social, sensibilidade sensorial, obstáculos na comunicação, rigidez comportamental e a sobrecarga sensorial oriunda do ambiente. Os sintomas de ansiedade podem ser agravados pela presença de demandas sociais desafiadoras, dificuldades na comunicação e linguagem, além da restrição de interesses e atividades, elementos centrais nas condições que caracterizam o TEA.

No contexto das meninas no espectro, observa-se uma maior propensão ao desenvolvimento de ansiedade, agravada pelas demandas sociais e desafios de comunicação inerentes ao autismo. As particularidades do perfil de ansiedade dessas meninas incluem preocupações excessivas com relações sociais, medos específicos desproporcionais às situações e uma tendência a internalizar os sentimentos, tornando-os menos perceptíveis externamente (Van, 2017; Lai et al., 2011).

Depressão

Em seu livro "Mentes Depressivas", a médica Ana Beatriz explica que a depressão é uma condição complexa, podendo ser desencadeada por diversos fatores, como predisposição genética, desequilíbrios bioquímicos, estressores psicológicos e influências ambientais. Para ela, a interação desses elementos desempenha um papel significativo no desenvolvimento e progressão da doença. A autora ainda destaca que a depressão transcende o âmbito emocional, atingindo também o corpo e o espírito[3]. Na esfera física, ela se revela por meio de sintomas como alterações no apetite, no sono e na energia, impactando o funcionamento corporal. No aspecto mental, a depressão pode gerar pensamentos negativos, sentimentos de culpa e incapacidade, afetando a saúde psicológica do indivíduo. Já na dimensão espiritual, a depressão pode resultar em uma sensação de vazio,

---

[3]N.R.: O termo é usado aqui como sinônimo para âmago ou essência, não implicando, necessariamente, sentido metafísico. No sentido Jungiano, seria equivalente ao termo *self*.

desamor e falta de propósito, atingindo a essência mais profunda do ser humano.

A abordagem da depressão no contexto do Transtorno do Espectro Autista (TEA) tem sido objeto de diversos estudos científicos recentes (Williams et al., 2022; Shtayermman et al., 2022; Oliveira et al., 2022). Essas pesquisas, em geral, apontam para uma prevalência mais alta dessa condição em indivíduos com TEA em comparação com a população sem o transtorno. Um ponto relevante destacado é que as características clínicas da depressão podem se confundir com características comuns do autismo, o que pode levar à subestimação ou subdiagnóstico da depressão nessa população.

Na revisão sistemática realizada por Oliveira et al.(2022), são identificados os principais fatores de risco para depressão e ideação/tentativas suicidas em adultos com TEA. Esses fatores incluem dificuldades de comunicação social, insistência na mesmice, ruminação de ideias, baixo controle atencional e inibitório, isolamento social e solidão, ausência de relações íntimas/amorosas, e altas pontuações no teste de rastreio "Quociente do Espectro do Autismo - Adultos" (QA). Além disso, a presença de comorbidades psiquiátricas, como ansiedade e transtornos do humor, também pode aumentar o risco de depressão e ideação suicida nessa população.

Ainda, os autores observaram que a depressão é mais comum em mulheres com TEA, possivelmente devido à maior compreensão das próprias dificuldades sociais e à tendência de disfarçar os sintomas para se adaptarem melhor socialmente. Outro estudo, conduzido por Stewart et al. em 2006, corroborou essas conclusões ao evidenciar que as pontuações em escalas para depressão tendem a ser mais elevadas para mulheres em comparação com homens que têm autismo, indicando uma maior vulnerabilidade desse grupo ao desenvolvimento de sintomas depressivos.

Diante desse contexto, a prevenção da depressão desde a infância torna-se fundamental para mulheres no Espectro. Essa abordagem inclui estratégias ativas, como a promoção da identificação precoce de sinais de alerta e a criação de um ambiente de suporte contínuo. Reforçar as redes de apoio social, proporcionando acesso a grupos de apoio e oportunidades para desenvolver habilidades sociais e de comunicação, é indispensável. Além disso, oferecer ambientes profissionais estruturados para que essas meninas aprendam a compreender e expressar suas emoções pode reduzir a acumulação de sentimentos negativos, incentivando a resiliência.

É determinante que o ambiente em que essas meninas crescem — incluindo família, escola e outros contextos sociais — seja informado e adaptado às suas necessidades. Esse ajuste visa promover a aceitação e minimizar experiências de fracasso ou rejeição social, fatores que podem contribuir para sentimentos depressivos. Práticas regulares de atividades físicas, uma alimentação saudável e hábitos de sono adequados são elementos relevantes na manutenção do equilíbrio emocional e na prevenção da depressão.

Por fim, ao identificar quaisquer indícios de depressão, ansiedade ou pensamentos suicidas, é fortemente recomendado buscar orientação junto a um médico em quem se confie. Afinal, tanto o tratamento como a prevenção de problemas relacionados à saúde mental são imprescindíveis, pois a forma como a infância e adolescência são conduzidas desempenha um papel vital no enfrentamento dos desafios da vida adulta. E é sobre alguns desses desafios que o próximo capítulo será dedicado.

Tornando-se Mulher: Os Desafios da Transição Para a Vida Adulta em Meninas no Espectro do Autismo

À medida que se aproximam da idade adulta, meninas autistas se deparam com o desafio de atender a uma multiplicidade de expectativas que a sociedade frequentemente coloca sobre os jovens nesse estágio da vida. Isso inclui a conquista de um diploma, a busca por emprego e o atendimento às normas sociais de comportamento e interação.

As jovens com TEA, em particular, podem sentir essas expectativas como pesadas e difíceis de alcançar, pois elas são acompanhadas por dificuldades inerentes ao espectro. Abaixo vamos abranger três aspectos referentes a esta fase da vida: educação formal, empregabilidade e habilidades da vida diária e independência. Alguns dos desafios apresentados e sugestões de apoio, independem do gênero do sujeito com TEA.

Educação Formal

No âmbito educacional, a transição para a formação profissional pode ser uma etapa particularmente estressante. A natureza de ambientes formativos, com suas demandas de comunicação frequente, trabalho em equipe e participação em atividades de grupo, pode ser sobrecarregante.

Meninas autistas podem ter dificuldade em acompanhar instruções dadas em aulas expositivas ou participar de discussões em sala de aula, devido a desafios de comunicação e interação social. A adaptação pode ser ainda mais difícil devido a maneirismos ou comportamentos repetitivos associados ao TEA, que podem não ser compreendidos ou aceitos por colegas e professores.

Por vezes, essas jovens não recebem as acomodações de que necessitam para prosperar no ensino superior. Apesar de existirem leis[4] que amparam e promovam a inclusão educacional, na prática essas acomodações são frequentemente insuficientes ou não são implementadas de forma a realmente atender às necessidades individuais. Essas acomodações podem incluir, por exemplo, provisões para testes e exames, como tempo extra para realização, salas mais silenciosas ou a possibilidade de respostas orais; apoio para organização e planejamento de tarefas; serviços de orientação especializados em autismo que podem ajudar na transição e na adaptação ao novo ambiente e até mesmo flexibilização quando questões referentes à temporalidade e frequência em sala de aula. Em alguns casos, inclusive, a necessidade de suporte desta jovem pode ser atendida também pelo acompanhamento de um profissional especializado em sala de aula.

As instituições de ensino desempenham um

---

[4]Lei Berenice Piana (Lei n°12.764), Lei Brasileira de Inclusão (Lei n°o 13.146), Lei de Diretrizes e Bases da Educação (Lei 9394/96) e Política Nacional de Educação Especial na Perspectiva da Educação Inclusiva são alguns exemplos de Leis que respaldam a inclusão educacional.

papel crucial no desenvolvimento educacional e social de jovens mulheres autistas; no entanto, muitas enfrentam desafios significativos ao tentar prover suportes adequados. Por isso, é imperativo que universidades e colégios técnicos invistam não apenas em treinamento especializado para seu corpo docente e administrativo, mas também desenvolvam programas que abracem ao máximo a amplitude do Espectro. Equipes interdisciplinares, incluindo psicólogos, terapeutas ocupacionais, psicopedagogos, assistentes educacionais, entre outros, podem fornecer suporte abrangente e orientação adequada às particularidades da estudante com TEA, independentemente de seu nível de suporte.

O Atendimento Educacional Especializado (AEE) é um serviço fundamental para auxiliar as jovens autistas a enfrentar desafios peculiares que surgem e a adquirir competências essenciais para seu percurso educativo. Seu papel é complementar e enriquecer o processo de aprendizagem, criando estratégias e recursos pedagógicos que auxiliem no desenvolvimento educacional, respeitando suas particularidades e promovendo a acessibilidade. As atividades do AEE são planejadas para serem realizadas de forma individualizada ou em pequenos grupos, não substituindo o ensino comum, mas atuando de forma complementar, e compete ao AEE trabalhar de forma articulada com os professores do ensino regular.

Além disso, a adoção de estratégias de desenho universal para aprendizagem (DUA) e o uso intensivo de tecnologias assistivas (TAs) são medidas que colaboram para o aprimoramento de um processo educacional que se propõe inclusivo. Esses recursos são projetados para oferecer várias maneiras de acessar conteúdos e demonstrar conhecimento, o que é especialmente benéfico para estudantes com TEA que podem ter necessidades específicas referentes aos aspectos de aprendizagem e de comunicação.

O DUA, especificamente, implica em preparar materiais e atividades pedagógicas que considerem as diversidades dos estilos de aprendizagem, independentemente da condição neurodiversa do estudante, permitindo que todos interajam com o conteúdo de maneira mais significativa. Isso pode incluir a disponibilização de recursos visuais reforçados, materiais didáticos estruturados de forma clara e concisa, além de opções para a demonstração de conhecimento que não se limitam a métodos tradicionais de avaliação escrita, como a realização de projetos ou apresentações.

As Tecnologias Assistivas, compreendidas como

um conceito abrangente que engloba todos os recursos e serviços destinados a proporcionar ou ampliar habilidades funcionais de pessoas com deficiência, desempenham um importante papel no contexto da aprendizagem formal das estudantes com autismo. A utilização de softwares e dispositivos específicos pode ser fundamental para apoiar a organização, gestão do tempo e comunicação dessas estudantes. Por exemplo, aplicativos de planejamento visual podem ajudá-las a estruturar suas atividades e compromissos acadêmicos, enquanto softwares de comunicação alternativa se mostram essenciais para aquelas com desafios na fala ou na escrita.

Na área dos materiais didáticos, a multimodalidade pode ser particularmente valiosa. Vídeos educativos com legendas, podcasts, e-books interativos e outros recursos digitais podem ser mais acessíveis para estudantes com o Transtorno, permitindo que absorvam as informações de formas que façam sentido para elas. Para auxiliar na pesquisa e elaboração de trabalhos, as bibliotecas universitárias devem dispor de acervos em diferentes formatos que sejam acessíveis e apropriados para estudantes no espectro, além de contar com pessoal treinado para dar suporte especializado.

O desenvolvimento profissional contínuo do corpo docente é outro aspecto imprescindível para assegurar que estudantes com TEA sejam adequadamente apoiadas. Professores devem estar equipados com conhecimentos sobre o Transtorno, compreendendo as abordagens pedagógicas que melhor atendem a essas estudantes, bem como as adaptações que podem ser necessárias. Mas sobretudo serem instigados a reconhecer e a romper com as próprias barreiras atitudinas. [5]

Por isso, criar uma política institucional robusta e bem definida para inclusão educacional é indispensável. Isso irá facilitar uma comunicação efetiva e colaboração entre a administração, os professores e os estudantes, promovendo um ambiente inclusivo e adaptável que reconhece e valoriza as contribuições únicas de cada estudante no espectro autista, independentemente de seu nível de suporte, comorbidades e gênero.

Por fim, o tratamento respeitoso, o acolhimento e a adaptação das políticas citadas é dever legal das ins-

---

[5]O Art. 3º da Lei Brasileira de Inclusão classifica as barreiras atitudinais com, "atitudes ou comportamentos que impeçam ou prejudiquem a participação social da pessoa com deficiência em igualdade de condições e oportunidades com as demais pessoas." Essas barreiras estão ligadas ao preconceito e são a raiz de todas as outras.

tituições de ensino, públicas ou privadas, e direito do aluno. Os pais ou o próprio aluno podem (e devem!), quando sentirem-se desamparados, oferecer denúncia ao Ministério Público para que sejam tomadas as devidas providências.

Empregabilidade

No início da vida adulta, além dos desafios educacionais, as questões relacionadas à empregabilidade também merecem destaque. Ingressar e manter uma posição no mercado de trabalho representa um dos desafios mais significativos para as mulheres jovens com Transtorno do Espectro Autista (TEA) ao adentrarem nessa fase da vida.

A busca por emprego não envolve apenas a aquisição de habilidades técnicas específicas, mas também a necessidade de competências interpessoais essenciais para a integração e permanência no ambiente de trabalho. Habilidades como comunicação, trabalho em equipe e flexibilidade ao lidar com expectativas e críticas frequentemente apresentam desafios para indivíduos com TEA, tornando processos seletivos, como entrevistas de emprego, particularmente estressantes. Essas situações demandam interações sociais dinâmicas e a capacidade de interpretar e responder a questões muitas vezes abstratas ou situacionais, o que pode ser complicado para as jovens autistas, que preferem a comunicação direta e enfrentam dificuldades com subentendidos e nuances sociais.

Adicionalmente, o ambiente de trabalho traz consigo desafios sociais e sensoriais próprios[6], como lidar com interrupções inesperadas, ruídos ambientais e iluminação intensa, que podem representar dificuldades extras para autistas com hipersensibilidade sensorial. Adaptar-se a essas condições enquanto tenta atender às demandas do trabalho pode requerer esforço substancial e, em alguns casos, acomodações específicas no local de trabalho para atenuar os efeitos desses estímulos e promover um desempenho eficaz. Mulheres com TEA podem encobrir suas necessidades de adaptação por um período mais extenso, tornando-as mais propensas a enfrentar esgotamento mental precoce. Isso, a médio e longo prazo, pode impactar negativamente em seu desempenho profissional.

---

[6] Julie Dachez e Mademoiselle Caroline abordam um pouco desses desafios na novela gráfica "Viva a diferença", que narra a história de Marguerite, uma jovem mulher que descobre ser autista ao buscar uma explicação para seu constante sentimento de inadequação e outras dificuldades sociais e sensoriais.

Outro ponto relevante a ser destacado é a preocupação primordial relacionada ao acesso a oportunidades de emprego. Isso ocorre devido ao fato de que, frequentemente, o mercado de trabalho demonstra resistência à contratação de pessoas com deficiência[7], mesmo diante da legislação vigente, como a Lei 8.213/1991, que estabelece a obrigatoriedade para empresas com 100 (cem) ou mais empregados de preencher de 2% a 5% por cento de seus cargos com esse grupo específico ou com beneficiários reabilitados.

Além dos desafios convencionais, muitas mulheres com TEA enfrentam a necessidade de apoio adicional para superar barreiras ao sair de casa, devido a ansiedades debilitantes ou dificuldades nas rotinas diárias, o que torna o simples ato de ir ao trabalho uma tarefa extenuante. A irregularidade em suas presenças no trabalho também pode ser uma preocupação. Nestes casos, suporte psicossocial consistente ajudaria no desenvolvimento de estratégias para lidar com o estresse e as demandas do ambiente de trabalho. Explorar opções, como trabalhos remunerados em casa ou participação em oficinas de trabalho protegidas, também se apresenta como uma alternativa

---

[7]A partir da Lei Berenice Piana, do ponto de vista legal, as pessoas no Transtorno do Espectro se equivalem às pessoas com deficiência.

viável.

As oficinas protegidas são ambientes destinados a fornecer oportunidades de emprego para pessoas com deficiência ou limitações significativas. Os trabalhadores nessas oficinas geralmente realizam atividades produtivas, como montagem, embalagem, produção de peças ou prestação de serviços, dependendo do tipo de oficina. O objetivo principal é oferecer um ambiente de trabalho inclusivo, adaptado às necessidades e habilidades específicas dos trabalhadores com deficiência, promovendo integração social e proporcionando treinamento profissional. O conceito de oficina de trabalho protegida pode variar em diferentes países e regiões, e as práticas específicas podem diferir com base nas leis e regulamentações locais.

Diante dessas realidades, torna-se essencial que empregadores, entidades de formação profissional e políticas públicas trabalhem conjuntamente para desenvolver e implementar estratégias de empregabilidade inclusivas. Isso inclui desde treinamentos específicos para a capacitação profissional dessas jovens até a garantia de ambientes de trabalho mais flexíveis e acessíveis, passando pela conscientização das empresas sobre a importância e os benefícios da neurodiversidade no ambiente corporativo.

Habilidades da Vida Diária e Independência

O desenvolvimento de habilidades de vida diária e independência constitui um pilar determinante na jornada para a vida adulta de meninas no Espectro. A capacidade de gerenciar as próprias finanças, realizar tarefas domésticas e cuidar da saúde e higiene pessoal são competências essenciais para alcançar autonomia e autorrealização. No entanto, estabelecer e manter essas habilidades pode ser particularmente difícil para meninas autistas, muitas das quais dependem de rotinas estruturadas e previsíveis para sua estabilidade e bem-estar.

O gerenciamento financeiro, por exemplo, abrange uma gama de tarefas, desde o planejamento orçamentário e o pagamento de contas até a administração efetiva de recursos pessoais para evitar dívidas. Tal gerenciamento requer não apenas entendimento matemático, mas também habilidades organizacionais e de planejamento.

No contexto do TEA, essas competências podem ser afetadas por desafios nas funções executivas, como manter a atenção concentrada em um orçamento detalhado ou executar o pagamento de contas em sequência sem perder etapas importantes. Essas barreiras podem resultar em dificuldades para cumprir com responsabilidades financeiras de forma autônoma, aumentando o risco de consequências como inadimplência ou gerenciamento ineficiente de recursos que são vitais para a estabilidade econômica do indivíduo.

Quanto às tarefas domésticas, estas podem envolver habilidades diversas, desde a limpeza e organização do espaço de moradia até atividades mais complexas como cozinhar e fazer compras. O estabelecimento de uma rotina doméstica pode ser dificultado pela sensação opressiva de detalhes e etapas envolvidas nestas atividades, bem como pela necessidade de adaptação quando surgem imprevistos que quebram o fluxo da rotina.

O auto cuidado, que inclui higiene pessoal, alimentação adequada e manutenção da saúde, é muitas vezes dificultado não só por desafios sensoriais, como a aversão a certas texturas ou sabores, mas também pela necessidade de desenvolvimento de hábitos de vida saudáveis e a autogestão da saúde mental e física.

Diante dessas considerações, é importante que estratégias de suporte específicas sejam empregadas para auxiliar meninas com TEA na aquisição e no aprimoramento de habilidades de vida necessárias para viver de forma independente. Isso pode envolver a criação de ferramentas visuais, como listas de verificação e cronogramas, o uso de tecnologias assistivas, e abordagens de ensino *step by step* (passo a passo), permitindo aprender e praticar cada habilidade em suas partes componentes. Adicionalmente, o suporte pode incluir programas de treinamento de habilidades sociais e sessões de terapia ocupacional, que ensinem estratégias para lidar com mudanças inesperadas e desenvolvam a flexibilidade cognitiva.

Por fim, assumir as responsabilidades que a vida adulta traz não é uma tarefa fácil para nenhuma jovem. É um período em que impulsos da adolescência com responsabilidades adultas se misturam. Meninas com autismo podem sentir essas dificuldades de forma ampliada e demorar mais para sair da casa dos pais. A depender do nível de suporte que esta menina precisou ao longo da vida, morar sozinha, ter um emprego fixo ou até mesmo criar seus filhos exigirá sempre um apoio mais presente de familiares ou cuidadores. Comorbidades associadas podem tornar estas tarefas inviáveis, contudo é preciso sempre ter em mente que meninas autistas não serão meninas

para sempre e merecem ser tratadas de acordo com
sua faixa etária.

Conclusão

Encerrar este livro não é uma tarefa simples, pois reconheço que ainda há tanto a explorar e a compartilhar sobre o TEA. Acredito que esta sensação de "faltar algo" seja familiar para aqueles que se dedicam a escrever, ensinar e dialogar sobre um tema tão vasto e complexo. Essa sensação de incompletude se amplifica quando dirigimos o olhar ao Espectro em Meninas, um território ainda pouco explorado, mas de extrema relevância para tirar garotas com TEA da invisibilidade social, que apenas perpetua o subdiagnóstico e a falta de consideração às suas necessidades específicas.

É determinante que a sociedade possa percebê-las e compreendê-las, que esteja atenta para reconhecer os sutis sinais de TEA, mesmo quando envoltos nas complexidades do mascaramento.

Ademais, as particularidades do TEA em garotas devem materializar-se em abordagens educacionais, de saúde e políticas públicas. Urgentemente, essas meninas precisam ter seus direitos respeitados e suas necessidades atendidas. Somente assim poderemos assegurar que cada uma seja autenticamente apoiada para tornar-se uma mulher plena em seus direitos e potencialidades.

Este livro, para mim, é uma ferramenta para disseminar informações que penso serem relevantes sobre o autismo em meninas. Acredito firmemente que o conhecimento é a chave para quebrar preconceitos e mitos, pois ao saber mais sobre o Espectro, pais, professores e cuidadores estarão respaldados para identificar possíveis sinais de TEA em suas crianças.

Esse reconhecimento precoce é imprescindível para que intervenções sejam implementadas o mais cedo possível, proporcionando às meninas as melhores oportunidades de desenvolvimento.

Agradeço sinceramente pela dedicação na leitura e expresso minha esperança de que tenha sido uma experiência enriquecedora, estimulando reflexões e despertando consciências. Este é um passo fundamental na construção de uma sociedade mais inclusiva e empática para todas as crianças, independentemente do seu lugar no espectro do autismo.

Cordialmente,
Tatiana Escobar, a autora

Cursos Ministrados pela Autora

Conheça cursos e demais materials publicados pela autora! Visite nosso site em ceneduc.com.br ou digitalize o QR Code abaixo:

Referências Bibliográficas

- AMERICAN PSYCHIATRIC ASSOCIATION. Diagnostic and Statistical Manual of Mental Disorders, 5th ed, text rev.; DSM-5-TR Washington, DC: American Psychiatric Association. 2022.

- International Classification of Diseases, Eleventh Revision (ICD-11), World Health Organization (WHO) 2019/2021, 2022.

- AREND, M., et al. Sexualidade em adolescentes com transtorno do espectro autista (TEA): uma revisão integrativa. Pesquisa, Sociedade e Desenvolvimento , [S. l.] , v. 6, 2021.

- BARGIELA, S., et al. "The Experiences of Late-diagnosed Women with Autism Spectrum

Conditions: An Investigation of the Female Autism Phenotype." Journal of Autism and Developmental Disorders, vol. 46, no. 10, 2016.

• BEGGIATO, A., et al. Gender differences in autism spectrum disorder: Divergence among specific core symptoms. Autism Research, 10(4), 680-689. 2017.

• BRILHANTE, A., et al. "Eu não sou um anjo azul": a sexualidade na perspectiva de adolescentes autistas. Ciência & Saúde Coletiva. v. 26, n. 02, 2021.

• BRUNETTO, D.; VARGAS, G. Meninas e mulheres autistas: completar o espectro é uma questão de gênero. Cadernos de Gênero e Tecnologia, Curitiba, v. 16, n. 47, p. 258-275, jan./jul. 2023.

• CAZALIS, F. et al. Evidence That Nine Autistic Women Out of Ten Have Been Victims of Sexual Violence. Frontiers in Behavioral Neuroscience, v. 16, p. 852203, 2022.

• CHAN, D. V., et al. Beyond Friendship: The Spectrum of Social Participation of Autistic

Adults. J Autism Dev Disord, 53(1), 424-437. DOI: 10.1007/s10803-022-05441-1. Epub 2022 Jan 25. PMID: 35079929; PMCID: PMC8788910. 2023.

- CHRISTIAN, R., et al. Perceptions of friendship among girls with Autism Spectrum Disorders. European Journal of Special Needs Education 36:3, pages 393-407. 2021.

- COOK,A. Friendship motivations, challenges and the role of masking for girls with autism in contrasting school settings, European Journal of Special Needs Education, 33:3, 302-315 .2018.

- DANTAS, R. F. A. et al. Avaliação da sexualidade no transtorno de espectro autista nos adolescentes. In:46°Congresso da Associação de Ginecologia e Obstetrícia do Estado do Rio de Janeiro. Rio de Janeiro. 2022.

- DEAN, M. et al. Social engagement and loneliness in school-age autistic girls and boys. Women's Health, 19, 174550572311709. 2023.

- DIAS, L. C. Movimento antivacinas: uma séria ameaça à saúde global. Universidade Estadual

de Campinas. Disponível em: https://www.un
icamp.br/unicamp/ju/artigos/luiz-carlos-dia
s/movimento-antivacinas-uma-seria-ameac
a-saude-global ,2020.

• DONVAN, J.; et al.. Outra sintonia : a história
do autismo.tradução Luiz A. de Araújo. 1a ed.
São Paulo : Companhia das Letras, 2017.

• FREIRE, M.G.; et al. Diagnóstico do autismo
em meninas: Revisão sistemática. Rev. psico-
pedag., São Paulo , v. 39, n. 120, p. 435-444,
dez. 2022.

• GEREMIAS A. O.,et al. Autismo e neurônio-es-
pelho. Revista Saúde em Foco, 9, 171-175. 2017.

• GREEN, R., et al. Women and Autism Spec-
trum Disorder: Diagnosis and Implications for
Treatment of Adolescents and Adults. Current
Psychiatry Reports, v. 21, n. 4, 2019.

• GUROGLU, B. The power of friendship: The developmental significance of friendships from a
neuroscience perspective. Child Development
Perspectives, v. 2, p. 110-117, 2022.

- HERVÁS, A. Autismo y género femenino: infra detección y mi diagnóstico. Medicina, Suplemento I, 40-42. 2022.

- HODGES, S., et al. Autism definition, epidemiology, etiology, evaluation. Translational Pediatrics, 9(Suppl 1), S55-S65 2020.

- HOROWITZ L.M., et al. Autism and Developmental Disorders Inpatient Research Collaborative (ADDIRC). Talking About Death or Suicide: Prevalence and Clinical Correlates in Youth with Autism Spectrum Disorder in the Psychiatric Inpatient Setting. J Autism Dev Disord. 2018.

- KANNER, L. Autistic disturbances of affective contact. Nervous Children p. 217 − 250, 1943.

- KERCHES, D. Autismo ao Longo da Vida. São Paulo: Literate Books, 2022.

- KERNS, C. M.; et al. Traumatic Childhood Events and Autism Spectrum Disorder. Journal of Autism and Developmental Disorders, p. 3475−3486. Texas, EUA. 2015.

- LAI, M.C.; et al. A Behavioral Comparison of Male and Female Adults with High Functioning

Autism Spectrum Conditions. PLoS ONE, 6(6), e20835. 2011.

- LAI M.C, et al. Self-Harm Events and Suicide Deaths Among Autistic Individuals in Ontario, Canada. JAMA Netw Open. 2023.

- Lai M.C, et al. Quantifying and exploring camouflaging in men and women with autism. Autism. Epub. 2016.

- LIU, S.et al. The relationship between autistic traits and empathy in adolescents: An ERP study. Neurosci Lett, v. 802, p. 137173, 2023.

- MALAGONI, G. Dificuldades no Diagnóstico de Autismo em Meninas. Estudos Avançados sobre Saúde e Natureza, [S. l.], v. 1, 2021.

- McCROSSIN, R. Finding the True Number of Females with Autistic Spectrum Disorder by Estimating the Biases in Initial Recognition and Clinical Diagnosis. Children, v. 9, n. 3, p. 272, 2022.

- MODABERNIA, A., et al. Environmental factors in autism: a critical review. Journal of Autism and Developmental Disorders. 2017.

- NEWELL V. et al. A systematic review and meta-analysis of suicidality in autistic and possibly autistic people without co-occurring intellectual disability. Mol Autism, 2023.

- OLIVEIRA, L., et al. Depressão e suicídio em adultos com o Transtorno do Espectro Autista: Uma revisão sistemática. Research, Society and Development, v. 11, n. 15, e255111537265, 2022.

- OTTONI, A. C. V.et al. Considerações sobre a sexualidade e educação sexual de pessoas com transtorno do espectro autista. Revista Ibero-Americana de Estudos em Educação, Araraquara, v. 14, n. esp.2, p. 1265–1283, 2019.

- RIBEIRO, R. K., et al. Transtorno do Espectro Autista e Sexualidade na Adolescência. Psicologia em Movimento, v. 3, n. 1. 2023.

- RUDY, L. Helping People With Autism Manage Anxiety. Very Well Health, 2020.

- SALGADO, G. M. Direito à Educação de Mulheres e Meninas Autistas. Revista EDUCAÇÃO INCLUSIVA, v. 8, n. 2. 2023.

- SANDIN, S.,et al. The familial risk of autism. JAMA, 311(17), 1770-1777, 2014.

- SHAW, S. C. et al. Barriers to healthcare and a "triple empathy problem" may lead to adverse outcomes for autistic adults: A qualitative study. Autism, 2023.

- SHIRAYAMA, Y. et al. Associations among autistic traits, cognitive and affective empathy, and personality traits in adults with autism spectrum disorder and no intellectual disability. Sci Rep, v. 12, n. 3125, 2022.

- SHTAYERMMAN O., et al. Predictors of Suicide Attempts of Individuals with Autism and Their Siblings. Nurs Res Pract. 2022.

- SILVA, A.B. Mentes depressivas: as três dimensões da doença do século. 1. ed. São Paulo: Principium, 2016.

- SILVA, G. et al..Discursos de Familiares acerca da Sexualidade de Sujeitos Autistas. Revista Subjetividades, 21(2). 2021.

- SILVA, J. P., et all. A relação da sexualidade com o Transtorno Espectro Autista (TEA) na adolescência. Artigo apresentado ao Curso de Psicologia, da Universidade do Grande Rio Prof. José de Souza Herdy. 2022.

• SIOBHAN O'H. et al. Autistic girls and emotionally based school avoidance: supportive factors for successful re-engagement in mainstream high school. International Journal of Inclusive Education 0:0, pages 1-17, 2021.

• SONG, A., et al. Natural language markers of social phenotype in girls with autism. Journal of Child Psychology and Psychiatry, 59(8), 986-994. 2021.

• STRANG, J.F. et al. They Thought It Was an Obsession: Trajectories and Perspectives of Autistic Transgender and Gender-Diverse Adolescents. J Autism Dev Disord, v. 48, p. 4039–4055, 2018.

• STEWART, M. E.; et al. Presentation of depression in autism and Asperger syndrome: A review. Autism, 10(1), 103-116. 2006.

• TAYLOR L. E., et al. Vaccines are not associated with autism: an evidence-based meta-analysis of case-control and cohort studies. Vaccine, 32(29), 3623-3629. 2014.

- VAN STEENSEL, F. et al. Anxiety levels in children with autism spectrum disorder: A meta-analysis. Journal of Child and Family Studies. 2017.

- VIANA, J. T. Uma Discussão Sobre Como as Ferramentas de Avaliação Atuais Impactam no Subdiagnóstico de Autismo em Meninas. Trabalho de Conclusão da Residência apresentado ao Programa de Residência Médica em Neurologia Pediátrica do Hospital de Clínicas de Porto Alegre, Porto Alegre, 2022.

- WILLIAMS, Z. J. et al. Diagnostic and sex-based differences in depression symptoms in autistic and neurotypical early adolescents, Journal of Autism and Developmental Disorders [s.l.], v. 52, n. 3, p. 1595-1608, mar. 2022.

- ZANOLLA, T. A., et. al. Causas genéticas, epigenéticas e ambientais do transtorno do espectro autista. Cadernos de Pós-Graduação em Distúrbios do Desenvolvimento, 15(2), 29-42, 2015.